에라스무스
교육방법론

-에라스무스가 권하는 고전공부법

에라스무스 교육방법론

-에라스무스가 권하는 고전공부법

에라스무스 지음
김성훈 옮김

인간사랑

차례

일러두기

1. 이 책의 원제는 'De ratione studii ac legendi interpretandique auctores'이다. 번역의 대본으로는 토론토대학교 출판부에서 영역한 'On the method of instruction'(*Collected Works of Erasmus*, 24 661-691)을 사용하였다.
2. 에라스무스의 편지들은 토론토대학교 출판부에서 영역한 *Correspondence of Erasmus*를 번역의 대본으로 삼았다.
3. 에라스무스의 전집은 약자로 표기하였다. LB는 장 르클레르가 편집한 10권짜리 전집 *Opera omnia*(레이든, 1703-1706)이다. ASD는 암스테르담 판으로 알려진 *Opera omnia Desiderii Erasmi Roterodami*(암스테르담, 1969-현재)이다. CWE는 토론토대학교 출판부에서 발간한 *Collected Works of Erasmus*(1974-현재)이다.
4. ( )표시는 원문을 옮긴 것이고, 〔 〕표시는 문맥의 이해를 돕기 위해 옮긴이가 덧붙인 것이다.

序

이 책의 라틴어 원제는 'De ratione studii ac legendi interpretandique auctores'이다. 우리말로 직역하면 '고전을 공부하고 강독하고 해석하는 방법'이지만, 여기서는 '교육방법론'으로 옮겼다. 번역의 대본으로 사용한 토론토대학교 영역판이 'On the method of instruction'이라는 제목을 달고 있기도 하지만, 에라스무스가 살았던 르네상스 시대에는 '고전을 공부하고 강독하고 해석하는 일'이 곧 교육이었기 때문이다.

에라스무스가 그의 『교육방법론』을 출간하게 된 경위를 간단히 소개하면 다음과 같다. 에라스무스는 케임브리지에 머물던 1511년 9월 세인트 폴 스쿨의 설립자인 존 콜레트에게 편지를 보내면서 그의 『교육방법론』 초고를 동봉했다. 이 조그만 편지 형식의 글은 그로부터 한 달 뒤인 1511년 10월에 파리에서 불완전한 형태로 출간되었다. 이에 놀란 에라스무스는 책의 출간을 서둘렀고, 결국 1512년 7월 파리에서 정식으로 초판을 발행하였다. 비록 에라스무스는 콜레트의 부탁을 받고 고대의 저작들을 올바르게 읽고 해석하는 방법에 대한 그의 논고를 저술하였지만, 그는 이미 파리 가정교사 시절부터 이 주제를 가지고 노르트호프家의 아이들은 물론 영국인 학생들과도 서신 교환을 하였다. 이와 관련해서는 이 책 부록에 번역해 놓은 에라스무스의 편지들을 참조하라.

에라스무스의 『교육방법론』은 세 부분으로 이루어져 있다. 첫 번째는 에라스무스가 파리 가정교사 시절에 토마스 그레이에게 쓴 편지이다. 두 번째는 에라스무스가 콜레트에게 송부한 편지 형식의 글이다. 그리고 세 번째는 'De ratione instituendi discipulos'(학생들을 교육하는 방법)이다. 이 책에서는 편의상 헌사, 개요, 본문으로 구분해 놓았다.

작년 봄에 에라스무스의 『아동교육론』을 출간하고, 이번에 두 번째로 그의 『교육방법론』을 펴낸다. 인간사랑 출판사의 변함없는 호의에 감사드린다.

2018년 가을

김성훈

영역판 서문

"한 번에 휘갈겨 쓴다." 이 말은 『키케로주의자』[1]에 나오는 에라스무스의 글쓰기 방식에 대한 유명한 자기비판이다. 그렇다고 에라스무스가 막힘없이 내뱉는 사상이 얄팍한 머리에서 아무렇게나 나온 것은 아니었다. 『교육방법론』에서 완성된 모습을 보이는 교육 프로그램은 그 맹아를 에라스무스가 1496년부터 1498년까지 썼던 편지들[2]에서 찾아볼 수 있다. 이때 그는 파리에서 뤼벡의 상인 노르트호프의 두 아들(크리스티안과 하인리히)과 두 명의 영국인 학생(토마스 그레이와 로버트 피셔)의 가정교사로 활동하며 생계를 이어갔다. 『교육방법론』의 순서와 언어는 물론이거니와 그

1 LB I 1013E.

2 에라스무스 편지 54, 56, 58, 61, 62, 63, 64, 66. 그중 66번 편지는 『교육방법론』의 서문으로 사용되었다.

안에서 교사와 학생에게 처방한 행동 수칙과 고대 작가들의 목록이 첫 선을 보이는 것도 이 시절의 편지들에서이다. 이런 연유로 에라스무스는 1511년에 세인트 폴 스쿨의 설립자이자 교장인 존 콜레트와 서신 왕래를 하면서 그의 제안을 받아들여 고전을 공부하는 방법(학습 형태와 마음가짐을 포함하여)에 관한 자신의 의견을 소상히 밝혔다.

『교육방법론』(원제는 '고전을 공부하고 강독하고 해석하는 방법')은 파리에서 비어만스가 장 그랑종을 위해 짜깁기한 인쇄물로 처음 세상에 모습을 드러냈고, 1511년 10월에 이탈리아 인문주의자 아고스티노 다티의 편지들과 한데 묶여서 책으로 출간되었다. 이 판에는 1511년 9월 에라스무스와 콜레트의 서신교환 내용이 빠져있다. 그러한 내용이 1512년 이후 정식으로 출간된 판들에는 등장하는 것으로 보아 그랑종 판은 에라스무스의 승인 없이 찍어낸 것이 틀림없다. 1512년 판은 콜레트와의 서신교환 내용을 포함한 것으로서 조스 바드가 7월에 파리에서, 티에리 마르텐스가 9월에 루뱅에서 각각 발행했다. 에라스무스의 인가를 받은 이러한 판들, 특히 마티아스 쉬러가 1514년 8월 슈트라스부르크에서 발간한 개정판부터 저자의 자필 서명이 들어갔다.[3]

3 텍스트의 역사는 마골린 판(ASD I-2 83-109) 서문을 참조하라. 1511년

『교육방법론』의 문체는 에라스무스의 다른 교육 논고들처럼 단숨에 써내려가면서도 문장 구성에 군더더기가 없다. 그의 라틴어 문체의 주요 특징은 다음과 같다. 첫째, 지소사("카르툴라", "파우쿨리", "플로스쿨리", "나라티웅쿨라", "노툴라"와 같은)를 애용했다. 둘째, 실버 시대의 라틴어인 "케우"를 이용해 "처럼"이나 "같은"을 나타냈다. 셋째, "둠모도"보다 "모도 우트"를, "시물 아크"보다 "시물 에트"를 선호했다. 넷째, 흔히 "시퀴뎀"으로 "왜냐하면"을 표현했다. 다섯째, 살루스티우스의 문체를 모방하여 "에트"의 변형인 "세드"를 사용했다. 여섯째, 그의 방대한 라틴어 지식의 결과로서 "발부티에스"〔말더듬〕와 "카이쿠티레"〔눈이 멀다〕와 같은 희귀한 단어들을 가져다 썼고, 로마의 법정 용어인 "포스틀리미니오"〔귀가권〕를 사용하기도 했다. 일곱째, 비인칭으로 3인칭 단수 수동태(예컨대 "시 이드 호미니스 잉게니오 네가툼 에스트"〔전지전능함이 인간에게 허락되지 않는다면〕)를 사용했다. 그리고 여덟째, "인판스"를 활용해 "말할 줄 모르는 아기"와 "표현이 서툰 웅변가"를 에두르는 말장난을 쳤다. 에라스무스의 언어에 대한 태도는 아이들에게 테렌티우스를 모범으로 삼으라고 충고한 데서 잘 알 수 있다. 그〔테렌티

요약 판은 ASD I-2 147-151을 참조하라. 이 번역은 ASD 텍스트, 즉 1514년 8월 슈트라스부르크에서 쉬러가 간행한 텍스트를 저본으로 삼았다.

우스]야말로 "일상의 언어에 가장 근접한"[4] 작가이기 때문이다. 에라스무스는 무엇보다도 상용어로서 라틴어의 생명성을 유지하는데 관심을 보였다. 로렌조 발라처럼, 그는 자신의 목적을 달성하기 위해 라틴어를 전방위적으로 사용할 준비가 되어 있었다.

『교육방법론』은 문체뿐만 아니라 내용면에서도 퀸틸리아누스의 『웅변가교육론』의 영향을 많이 받았다. 그러나 에라스무스는 퀸틸리아누스와 달리 기독교 문화와 고대 문명의 관계[5]라는 중요한 문제에 직면했다. 에라스무스는 그 시대의 야만에 맞서 과거를 원형 그대로 복원하는 인문주의자의 사명에 충실했다. 과거를 있었던 그대로 보고, 과거의 사상 체계를 흡수하고, 과거의 미학적 규범을 이해하기 위해서는 과거의 문학적 유산을 면밀하게 검토하는 작업이 필수적이다. 퀸틸리아누스와 에라스무스의 안내를 받으며 고대의 다양한 저작들을 분석하고 서로 비교하는 일은 분명 유쾌한 측면이 있다. 그러나 기독교 독자의 입장에서는 고대 이교도 문학에 내재한 커다란 도덕적 해이를 걱정하지 않을 수 없다. 이런 맥락에서 에라스무스는 플라우투스의 몇몇 구절은 어린 아이들이 읽기에 적합하지 않으므로 검열이 필요하다고 보았

4 아래 주, 21.

5 에라스무스의 『야만에 대하여』(CWE, 23) 여러 곳을 참조하라.

다. 또, 베르길리우스의 『전원시』 2권에 대한 풍부한 비유적 설명[6]도 고대 문학에 기독교 신학의 재갈을 물리지 않으면 도덕적으로 위험하다는 생각에서 비롯되었다. 이와 비슷한 논의는 이미 4세기 무렵 그리스 문학의 가치를 설파한 성 바실리우스의 저작에서 찾아볼 수 있다. 20세기에도 고대 문학에 대한 열정으로 보나 기독교에 대한 신실한 마음으로 보나 에라스무스에 버금가는 인물이 한 명 있는데, 그는 우리에게 다음과 같이 충고하고 있다. "우리와 같은 시대에 …… 기독교 독자들은 그들의 독서를, 특히 상상의 나래를 펼치는 작품들을 명백한 윤리적·종교적 잣대를 가지고 세심히 들여다보아야 한다. 비록 문학인지 아닌지는 문학적 기준에 따라 판단해야 하지만, 문학의 '위대함'은 오로지 문학적 기준에만 맡겨놓을 수 없다."[7] 이러한 주장을 어떻게 생각하느냐에 따라 『교육방법론』에 대한 독자의 평도 갈릴 것이다.

브라이언 맥그리거

---

6 아래 주, 113.

7 T. S. 엘리엇, 「종교와 문학」, 『평론선집』(런던, 1951), 388.

에라스무스의 생애

데시데리우스 에라스무스는 1466년 10월 27일 로테르담에서 태어났다. 아버지 헤라트는 사제 성품을 받은 신부였고, 어머니 마하레트는 의사의 딸이었다. 교회는 이들의 결합을 불법으로 간주했다. 에라스무스는 사생아의 운명을 지고 태어날 수밖에 없었다.

어머니와 하우다에 살면서 에라스무스는 네 살 때 후견인 페터르 윙켈이 운영하는 학교에 입학했고, 얼마 지나지 않아 우트레히트 가톨릭성가학교로 옮겼다. 아홉 살부터는 데벤터의 유명한 교회학교를 다녔다. 인문주의자 알렉산더 헤기우스가 운영하던 학교로서 재학생이 600명이 넘을 정도로 네덜란드와 인근 독일 지역에서 명성이 높았다. 그러나 에라스무스는 훗날 『아동교육론』에서 이때의 암울한 기억을 떠올리며 이 학교의 수업 방식과 교육과정, 특히 혹독한 훈육 방법을 신랄하게 비판했다.

1480년 가을에 에라스무스는 몇 달 사이로 부모를 모두 잃고, 스헤르토헨보스의 형제단 학교로 보내졌다. 새로운 학교의 수도원식 공동체 생활과 교육은 에라스무스처럼 자유롭고 개인적인 영혼에는 맞지 않는 것이었다. 더군다나 교사들은 고아인 에라스무스에게 수도승의 삶을 강제했다.

에라스무스는 1482년 말까지 형제단 학교에 머물렀다. 후견인들은 수도원 입회를 종용했고, 에라스무스는 열여섯 살에 수도원 생활이 공부의 자유와 기회를 보장할 수 있다는 생각에서 제안을 수락했다. 1483년 에라스무스는 스테인의 아우구스티누스 수도원에 들어가 10년간의 수도원 생활을 거쳐 1492년 가톨릭 사제가 되었다.

수도원 생활은 학자의 삶과는 다른 것이었다. 그러나 수도원의 조용하고 고립된 환경에서 에라스무스는 '세속적'인 독서를 이어갔고, 수도원이 보관하고 있던 고대의 필사본들은 그의 지식욕을 북돋았다. 에라스무스는 스테인 시절에 눈에 띄는 라틴어 습작을 몇 편 남겼을 뿐만 아니라 10년간의 한유의 생활을 통해 장차 학자의 길을 걸을 수 있는 준비를 하였다.

1493년 에라스무스는 캉브레 주교의 비서가 되어 수도원을 벗어날 기회를 얻었다. 주교는 학구열이 남달랐던 에라스무스를 파리대학으로 보냈다. 에라스무스는 몽테규 칼리지에 기거하며 신학을 공부했다. 수도원으로부터의 외유는 종교 공부라는 신실한 끈으로 묶여 있어서 에라스무스는 반드시 하루의 일부를 설교와 스콜라철학에 할애해야만 했다. 물론 에라스무스의 주된 관심은 고전학에 있었다. 특히 그는 그리스어를 독학으로 배웠다. 당시 이탈리아를 제외하면 그리스어에 정통한 사람을 찾기가 쉽지 않았기 때문이다.

파리 유학시절에 에라스무스는 라틴어 교사로 활동하면서 생계비를 벌었다. 그는 출중한 라틴어 실력 덕분에 영국인 명문자제들과 교우할 수 있었다. 가난한 학자인 에라스무스는 후원자를 찾았고, 마운트조이 경은 그의 이러한 바람에 부합하는 영국의 젊은 귀족이었다. 1499년 에라스무스는 마운트조이 경을 따라 영국 초행길에 올랐다. 그의 영국 방문은 성공적이었다. 1499년 겨울에 옥스퍼드와 런던에서 존 콜레트와 토마스 모어를 만났고, 영국 인문주의자들과의 만남과 우정은 에라스무스의 고전학에 대한 관심과 열정에 불을 지폈다.

1500년 2월 파리로 돌아온 에라스무스는 그리스어 공부에 박차를 가했다. 마운트조이 경에게 헌정할 요량으로 고대의 저작들로부터 경구들을 모아 『격언집』을 간행하고, 부족한 수입을 보충할 심산으로 키케로의 『의무론』을 편집했다. 이미 그의 라틴어 실력은 상당한 수준이었다.

1502년 파리에 전염병이 창궐하자 에라스무스는 루뱅으로 이주했다. 그러나 1505년 다시 '책'과 '교사'의 도시인 파리로 귀환했다. 영국인 친구들, 특히 세인트 폴 스쿨의 콜레트와 서신교환을 재개했고, 마운트조이 경의 초청으로 두 번째 영국 방문에 나섰다. 에라스무스에게 런던은 로마를 제외하면 가장 매력적인 도시였다. 그곳에는 콜레트를 위시한 일군의 인문주의자들이 있었다. 그는 모어의 런던 집에서 이듬해 봄까지 머물렀다.

이 무렵 에라스무스의 학자로서의 입지는 탄탄했다. 루뱅과 파리는 물론 런던까지 이름이 알려졌고, 이탈리아를 빼고는 유럽에서 가장 세련된 라틴어 문체를 구사하는 인물로 유명세를 탔다. 사람들은 이 저명한 고전 학자를 만나고 싶어 했다. 그의 교사로서의 명성도 유럽 전역에 널리 퍼졌다. 그러나 에라스무스는 배움에 대한 열정으로 알프스를 넘었고, 그곳에서 이탈리아 학자들과 교류하고 그리스어 교사들의 가르침을 받았다.

1506년 7월부터 에라스무스는 영국인 교사 일행과 이탈리아 여행을 시작했다. 알프스를 넘어 투란에 도착했고, 볼로냐를 거쳐 11월에 피렌체에 당도했다. 12월에는 다시 볼로냐로 돌아와 이탈리아 여행의 목적인 그리스어 공부에 전념했다. 이 오래된 학문의 도시에서 저명한 인사들과 교류하면서 학자로서의 여유를 만끽했다. 이후 1509년까지 베니스, 파도바, 로마 등을 여행하면서 이탈리아의 인문주의자들과 사귀고 공부도 계속했다.

1509년 봄에 에라스무스는 헨리 8세의 대관식에 참석하기 위해 이탈리아를 떠났다. 신학문을 대표하는 학자로 뽑혀 로마로부터 영국으로 소환되었다. 잠시 케임브리지 퀸스 칼리지에서 학생들에게 그리스어를 가르치기도 했다. 공식적인 임무 말고도 향후 5년간 영국에 머물면서 왕성한 학문적 활동을 했다. 1509년 모어의 런던 집에서 『우신예찬』을 완성했고, 세인트 폴 스쿨의 콜레트와 릴리의 영향으로 『교육방법론』을 저술했다. 그밖에 성 히에로니무스의 편지들과 그리스어 성서 독본을 편집하는 등 기독교 편찬 작업에도 공을 들였다. 실제로 이 두 개의 기독교 저작을 출간하기 위해 1514년 영국을 떠나 바젤로 향했다.

1514년부터 1517년까지 에라스무스는 고정된 거주지가 없었다. 위에서 말한 기독교 편찬서들 때문에 주로 바젤에 머물렀고, 간간히 루뱅과 영국 그리고 브뤼셀을 방문했다. 이 기간 동안 그는 다른 저작들도 출간했다. 교육적인 관점에서 1516년에 출간한 『기독교군주교육론』이 눈에 띈다. 나중에 신성 로마 제국의 황제가 되는 카를 1세에게 헌정한 작품으로 특정 교육이론을 소개하기보다는 군주의 덕과 의무를 일반적인 어조로 설명했다.

1517년 에라스무스는 루뱅에 새로운 인문주의 학교를 세우는 일에 깊이 관여하고, 결국 1519년 그곳에 정착했다. 이 조그만 대학 도시에서 에라스무스는 평화로운 학문적 삶을 구가했다. 그러나 종교개혁이라는 광풍은 루뱅을 비켜가지 않았다. 그는 다시 조용한 학문의 땅을 찾아 떠나야 했다. 새로운 보금자리는 바젤이었다. 1522년 봄에 에라스무스는 바젤에서 옛 친구들을 만나

말년의 행복한 시간을 보낼 수 있었다. 그는 학자로서의 남은 열정을 불살랐다.

바젤시대(1522-1529)에도 루터의 그림자는 짙게 드리웠다. 그러나 에라스무스는 가급적 종교적 논쟁을 삼갔고, 학문적 저술 활동에 전념하면서 종교혁명의 회오리로부터 벗어나고자 했다. 이러한 분위기 속에서 에라스무스는 1529년 그의 대표적인 교육 논고인 『아동교육론』을 출판했다.

1527년 바젤에서 평생의 후원자 프로벤이 죽었다. 이 예기치 않은 사건은 에라스무스의 '세계인'으로서의 정체성을 다시 한 번 일깨웠다. 1529년 그는 프라이부르크로 이주했다. 강력한 가톨릭 군주 도시를 안전한 피신처로 삼아 노년을 평화롭고 조용하게 보내고 싶은 바람에서였다.

이듬해인 1530년 아우구스부르크 화의가 결정됐다. 에라스무스는 더 멀리, 아마도 이탈리아나 부르고뉴로 도망치고 싶었다. 그러나 마지막 선택지는 바젤이었다. 프로벤 서클은 노학자를 환영했다. 1534년 지친 심신을 이끌고 바젤로 돌아온 에라스무스는 몇 년을 편안하게 보낸 뒤 '생의 마지막 순간에도 손에서 펜을 놓지 않은 채' 1536년 7월 12일 노고에 찬 삶을 마감했다.

교육방법론

헌 사

로테르담의 에라스무스가 그의 친구〔윌리엄 탈레〕에게 보내는 글[8]

나의 소중한 친구〔탈레〕여, 당신은 정말이지 선견지명이 탁월

8 에라스무스 편지 66(파리?, 1497?). 『교육방법론』의 서문으로 처음 출간되었다. 원래 토마스 그레이에게 쓴 것이었다. 본문에 나오는 레우코파에우스는 그레이를 그리스어로 번역한 말이다. 이 편지는 1509년 페라라에서 윌리엄 탈레에게 맡긴 문서들 가운데 하나였다. 탈레는 파리로 돌아오자마자 서문의 그레이를 자신의 이름으로 바꾸어 출간하였다. 그런데 그리스어를 몰라서 본문의 레우코파에우스는 변경하지 않고 그대로 두었다. 에라스무스가 『교육방법론』을 그의 『문체론』과 함께 정식으로 출간할 때(파리, 1512), 그는 탈레의 이름을 피에르 비트레로 수정하였고, 레우코파에우스를 '나의 피에르'로 고쳐 적었다. 피에르 비트레는 그레이와 친한 사이였고, 에라스무스의 뒤를 이어 그의 가정교사가 되었다.

하고, 항상 진리만을 입에 담는다. 그런 당신이 이르기를 행동할 때는 계획과 순서가 가장 중요한데, 특히 인문학을 공부할 때 그러하다고 말한다. 우리는 주변에서 기술[방법]의 힘으로 그렇지 않으면 꿈쩍도 하지 않았을 무거운 물체를 쉽게 들어 올리는 장면을 자주 목격하지 않는가? 마찬가지로 전쟁터에서 중요한 것은 병력의 수나 공격의 규모가 아니라 병사를 얼마나 적재적소에 잘 배치하고 어떤 전략으로 전투에 임하느냐는 것이다. 플라우투스[9]의 말대로 지름길을 알고 있는 사람은 그렇지 않은 사람이 강둑이나 해안선을 따라 우회하는 사이에 재빨리 목적지에 도달한다. 이런 까닭에 당신은 내게 학습의 과정을 순서대로 알려달라고 부탁하고, 그것을 테세우스의 실타래로 삼아 학문의 미궁[10]에서 길을 찾으려 한다. 나는 이런 당신의 계획을 환영해 마지않는다. 그것이 나의 친애하는 친구의 바람이기도 하지만, 그 자체로도 쓸모 있고 훌륭한 생각이기 때문이다.

…… 나의 레우코파에우스, 이 글에는 공부하는 방법에 관한 내 생각이 담겨 있다. 마음에 들면 따라해 보고, 그렇지 않으면 내가 들인 수고라도 헤아려주기 바란다. 기왕에 시작한 일이니

9 플라우투스, 『포에눌루스』, 627-628. 에라스무스, 『격언집』, II vii 81.

10 에라스무스, 『격언집』, II x 51.

최선을 다하라. 당신의 고귀한 태생에 뛰어난 학문의 빛을 더하라.

3월 15일 런던에서

개 요

세상에는 두 종류의 지식이 있다. 하나는 사물에 대한 지식이고, 다른 하나는 언어에 대한 지식이다.[11] 순서로는 언어에 대한

11 교육과 교육과정에만 한정된 주제가 아니다. 철학적으로 오랜 논쟁거리였다. “사물과 말”은 철학자들이 수세기 동안 논의하였던 보편성의 문제, 즉 종과 속이 실재하는가의 문제와 관련된다. 이 문제는 플라톤(『크라틸로스』, 『국가』)과 아리스토텔레스(논리학에 대한 저술들과 『형이상학』)로부터 시작하여 포르피리우스(『범주론』), 아우구스티누스(『기독교 교양』, 1.2, 2.1-3), 보에티우스(포르피리우스의 『범주론』에 대하여)를 거쳐 아벨라르와 그의 계승자들에까지 이어졌다. 『문체론』에서 에라스무스는 형이상학이나 형식논리학이 아닌 의사소통의 효과성과 다양성, 즉 수사학에 관심이 있었다. 그는 『문체론』 1권에서 표현의 풍부함을, 2권에서 내용의 풍부함을 차례대로 논한다. 『교육방법론』의 첫 문장은 사물과 말, 대상(사고나 경험)과 언어가 지식을 구성한다는 사실을 상기시킨다. 그러므로 『교육방법론』에서 『문체론』의 흔적을 발견하는 것은 놀라운 일이 아니다.

지식이 앞서고, 중요하기로는 사물에 대한 지식이 앞선다. 그러나 주변을 보면 언어는 경시한 채 사물에 대한 지식만 얻으려고 서두르는 사람들이 있다. 이들은 속담도 있다시피 어설프게 절약을 하려다가 큰 손해를 입는 "풋내기들"[12]이다. 사물에 대한 학습은 우리가 그 사물에 부여하는 말소리〔언어〕를 통해서만 가능하기 때문에 언어에 능통하지 않은 사람은 사물에 대한 판단력도 근시안적이고, 부정확하고, 불안정할 수밖에 없다. 그밖에 언어는 거들떠보지도 않고 내용에만 주의를 기울인다고 큰소리치는 사람치고 자질구레한 문장 용법을 두고 옥신각신하지 않는 이가 없다. 따라서 말과 사물을 동시에 배우고[13], 그것도 가장 뛰어난 교사로부터 배운 사람만이 두 지식 모두에서 탁월함을 보인다. 힘들게 배운 것이 잘못 배운 것이어서 도로 처음부터 다시 배워야 한다면 참으로 애석하지 않겠는가? 단언컨대, 올바르고 참된 것만큼 쉽게 배울 수 있는 것도 없다. 그러나 일단 나쁜 습성이 몸에

12 에라스무스가 본문에서 인용한 그리스어를 직역하면 "씻지 않은 발"이다. 다급하거나 미숙한 행동을 나타내는 경구적 표현이다. 에라스무스, 『격언집』, I ix 54. 에라스무스는 이 표현의 유래를 신성한 제례에 사용할 물건들을 씻고 정화하는 종교적 의식에서 찾는다. 이런 종교적인 은유는 경건함을 기독교 학생의 기본으로 삼은 에라스무스의 교육철학과 맥을 같이하며, 그가 이하에서 개괄할 교육 프로그램의 논조와도 일치한다.

13 퀸틸리아누스, 2.3.2.

배면, 그것을 떨쳐내기란 여간 힘들지 않다.

그러므로 문법부터 공부해야 한다. 처음부터 아이들에게 그리스어와 라틴어를 모두 가르쳐야 한다. 배울 가치가 있는 것은 거의 모두 그리스어와 라틴어로 쓰여 있을 뿐만 아니라, 두 언어는 뿌리가 같아서 따로 배우는 것보다 함께 배우는 것이 바람직하다. 최소한 라틴어는 그리스어와 함께 배우는 것이 좋다. 퀸틸리아누스[14]는 그리스어를 배우고 나면 라틴어는 단시일에 익힐 수 있다고 생각하여 우리에게 그리스어부터 배울 것을 충고했다. 물론 그는 그리스어와 라틴어를 동등한 수준에서 "하나가 다른 하나에 방해가 되지 않는 방식"으로 학습해야 한다고 말했다. 따라서 이른 시기에 가장 훌륭한 교사의 도움을 받아 두 언어의 기초를 다져야 한다. 만일 주변에 마땅한 교사가 없다면, 차선책으로 고대의 훌륭한 학자들에게 의존해야 한다. 나는 꼭 필요한 사람들만을 엄선할 것이다. 그리스어 문법학자들 중에서는 테오도루스 가자[15]가 최고이다. 다음으로는 콘스탄티누스 라스카리스[16]

14 퀸틸리아누스, 1.1.12. 『가버너』(1531)에서 토마스 엘리엇은 그리스어와 라틴어를 동시에 배우라고 충고하였다. 그러나 르네상스 시대의 학교들에서는 보통 라틴어를 먼저 가르쳤다.

15 테오도루스 가자(c.1400–1478). 그리스 학자로서 이탈리아에서 다년간 가르쳤다. 그의 그리스어 문법서는 1495년 베네치아에서 출간되었다. 에라스무스는 그중 두 권을 번역하였다(루뱅, 1516, 1518, LB I 117–164).

이다. 고대 라틴어 학자들 중에서는 디오메데스[17]가 가장 눈에 띈다. 최근에는 선택지가 별로 없어서 니콜로 페로티[18]를 고심 끝에 고르지만, 이마저 현학적인 문제가 있다. 나는 위에서 말한 인물들 정도는 공부해야 하고, 그들이 최고라는 생각에서 그 수를 더 늘릴 것 까지는 없다고 생각한다. 그러나 나는 이러한 작가들의 작품들을 반복해서 일러주느라 아이들을 수년 동안 붙잡아두는 교사들의 일상적인 행태에는 동의하지 않는다.

올바르게 말하는 능력을 기르기 위해서는 말솜씨가 뛰어난 사람들과 즐겨 대화하고 문체가 훌륭한 사람들의 글을 자주 접하는 것이 가장 좋다. 좋은 글을 남긴 사람들 중에서도 으뜸은

16 콘스탄티누스 라스카리스(1434–1501). 1453년 콘스탄티노플 함락 후 이탈리아로 건너왔던 그리스인 망명자. 밀라노와 나폴리에서 그리스어를 가르쳤다. 그가 1476년에 편찬한 그리스어 문법서는 그리스어 활자를 처음으로 인쇄한 책이었다. 이탈리아 문예부흥 초기 그리스인들(테오도루스 가자와 라스카리스와 같은)의 역할에 대하여 『케임브리지 근대사』(1957, I, 95–126)와 레이놀즈와 윌슨의 『필사자들과 학자들』(옥스퍼드, 1968)을 참조하라.

17 4세기 문법학자.

18 니콜로 페로티(1430–1480). 유명한 문헌학자이자 베사리온 추기경의 비서. 테오도루스 가자와 콘스탄티누스 라스카리스가 활동하던 문학 서클의 일원. 그는 근대 최초의 라틴어 문법서인 『문법의 기초』(로마, 1473)를 저술하였다. 르네상스 초기 이탈리아에 정착한 그리스인 망명자들, 특히 베사리온 서클의 중요성에 대하여 지나코플러스의 『베네치아의 그리스 학자들』(케임브리지[MA], 1962)을 참조하라.

어투가 세련되고 주제가 매력적이어서 학습자의 마음을 사로잡는 사람들이다. 이러한 범주에 속하는 사람들로는 첫째가 루키아노스[19], 둘째가 데모스테네스, 그리고 셋째가 헤로도토스일 것이다. 시인들 중에서는 첫째가 아리스토파네스, 둘째가 호메로스, 그리고 셋째가 에우리피데스일 것이다. 메난드로스[20]의 경우에는 현존하는 작품이 없어도 앞의 세 시인들보다 높은 등수를 부여할 것이다. 라틴어 작가들 중에서는 언어의 품격으로 보아 테렌티우스[21]만한 사람이 없다. 그의 문체는 청아하고 간결한 게 일상의 어투와 다르지 않다. 그가 다루는 주제 또한 아이들에게 적합한 것이다. 여기에 도덕적으로 흠결 없는 플라우투스의 희극 몇 편을 골라 넣어도 무방할 것이다. 테렌티우스 다음으로는 베르길리우스, 호라티우스, 키케로, 카이사르의 순서를 따를 것이다. 나는

19 에라스무스의 루키아노스에 대한 관심은 『문체론』(CWE, 24 603 & 17n)을 참조하라. 그의 루키아노스와 에우리피데스 번역은 ASD I에 실려 있다.

20 그의 작품 대부분이 사라지고 없다. 그러나 에라스무스는 고대의 작가들과 비평가들이 전하는 그 시인의 시구들을 읽으며 그의 높은 평판을 확인할 수 있었을 것이다.

21 에라스무스가 가장 좋아했던 저술가. 베아투스 레나누스에 따르자면, 에라스무스는 테렌티우스의 작품들을 외우다시피 했다. 그는 1532년에 테렌티우스 작품집을 출간하면서 그 서문에서 테렌티우스를 어법의 표준이자 소년들이 반드시 공부해야 하는 작가로 칭송한다.

살루스티우스도 마다하지 않을 것이다. 이만하면 두 언어에 대한 지식을 얻기에 충분하다. 언어 공부를 한답시고 머리에 떠오르는 작가의 작품들은 모두 훑어보고 사소한 것 하나라도 빠트리면 '초짜'라고 믿으면서 인생을 허비해서는 안 된다.

이렇게 언어에 대한 올바른(화려하지는 않아도) 능력을 기르고 나서 우리는 사물에 대한 이해로 넘어가야 한다. 물론 우리는 언어를 공부하기 위해 읽은 고대의 작품들로부터 말뿐만 아니라 사물에 대한 지식도 많이 습득한다. 그러나 사물에 대한 지식은 당연히 그리스 작가들로부터 얻어야 한다. 그들이 아니라면 도대체 어디로부터 그렇게 깨끗하고, 그렇게 풍부하고, 그렇게 유쾌한 물살을 끌어올 수 있단 말인가? 그러나 지식의 모든 영역을 학습하는 순서와 교사를 선정하는 문제는 다른 곳에서 다루는 것이 적절하다. 그러니 다시 어린 아이들의 학습으로 돌아가자.

다음으로, 내가 위에서 언어의 보고라고 치켜세웠던 작가들을 일찍부터 풍부하게[22] 경험하고 싶다면 격조 있는 라틴어를 가장 격조 있게 중재하는 로렌조 발라[23]를 참고해야 한다. 그의 안

---

22 라틴어 "코피아"의 번역.

23 로렌조 발라(1407–1457). 이탈리아의 인문주의자. 그의 저서 『라틴어의 우아함』을 통하여 그 시대의 조악한 라틴어를 고전기의 순수한 문체와 용례로 끌어올리고자 노력하였다. 발라의 책은 1471년에 처음 출간되어

내를 받는 것이 좋지만, 당신 혼자서도 나아갈 줄 알아야 한다. 발라의 지침이라고 무조건 따라서는 안 된다. 그밖에도 도나투스[24]와 디오메데스[25]가 정리해 놓은 구문 법칙을 익히면 좋다. 시의 모든 규칙과 형식은 암기하라. 수사학의 주요 논점들[26]인 명제, 증명의 근거, 비유적 표현, 부연, 전환의 규칙은 즉시 활용할 수 있어야 한다.

이러한 것들을 모두 숙지하고 나서 당신은 고대의 훌륭한 작품들을 읽으면서 어떤 도드라진 단어가 나오는지, 어투가 고답적인지 신선한지, 논거가 독창적인지 빌려온 것인지, 문체가 수려한지, 격언을 담고 있거나 역사적인 비교가 가능한지[27], 아니면 교

1550년까지 무려 예순 번 이상 재판되었다. 뷔송, 『16세기 교육 저작 목록』(파리, 1886). 발라에 대해서는 만치니의 『로렌조 발라의 생애』(피렌체, 1891)를 참조하라. 에라스무스는 발라의 책을 요약하였다. 에라스무스 편지, 23: 108n. ASD I-4 191-351.

24 그의 『테렌티우스 해설』이 유명하다. 엘리오 도나투스는 4세기 라틴어 문법학자로서 『문법학』을 저술하였다. 그는 중세의 학문체계인 7자유학예에서 문법의 전형(프리스키아누스와 경쟁하며)으로 불리며 문학적으로 살아남았다.

25 앞의 주, 17.

26 자세한 용어 설명은 에라스무스의 『문체론』(CWE, 24)을 참조하라. 명제(595-605, 650-653), 증명의 근거/범용(605이하, 637이하), 비유적 표현(333-342), 부연(437, 507), 전환(410, 648이하).

27 에라스무스는 옛 속담들과 역사적 유례들을 수집하여 『격언집』과 『유례집』을 간행하였다.

훈[28]이 기억할만한 가치가 있는지를 용의주도하게 살펴야 한다. 그러한 구절은 눈에 잘 띄게 표시해 두어야 한다. 이때 잡다하게 표시하지 말고 용도에 적합한 방식으로 표시하면 좋다. 만일 변증법도 교수요목에 추가하고 싶다면, 아리스토텔레스로부터 배우는 것은 괜찮아도 장황한 소피스트들[29]은 사절이다. 다시 말하지만, 한곳에 멈추어 (겔리우스[30]의 말대로) 세이렌의 바위에서처럼 하염없이 세월만 보내서는 안 된다.

그러나 가장 좋은 문체[31]는 어디까지나 당신 자신의 펜으로부터 나온다는 사실을 명심하라. 시, 산문, 잡문을 가리지 말고 부단히 글쓰기 연습을 하라. 읽은 것을 저장하는 기억력도 소홀히 다루어서는 안 된다. 기억력이 "장소"와 "형상"[32]의 도움을 받

28 에라스무스, 『문체론』, CWE, 24 627:11이하, 630:7이하.

29 소피스트들은 기원전 5세기 그리스 민주주의 사회에서 정치적 필요(뛰어난 말솜씨로 대중을 사로잡아 권력을 차지하려는)에 따라 등장하였다. 소피스트들은 사상의 본질을 도덕적으로 논하기보다 생각을 그럴듯하게 전달하는 기술을 가르쳤던 사람들이다. 이런 이유로 그들은 악명이 높았다(아리스토파네스의 『구름』 참조). 소피스트들은 처음의 성공을 뒤로하고 점차 무익한 언어도단에 빠졌다. 에라스무스는 그들의 장황한 스타일을 비판하였다.

30 겔리우스, 16.8.17.

31 퀸틸리아누스, 10.3.1. 키케로, 『웅변가론』, 1.150, 257.

32 고대 기억술의 핵심은 기억에 남은 장소와 형상이 우리의 기억을 돕는다는 것이다. 카플란이 번역한 『헤렌니우스를 위하여』 3.16.28-40을 참조

기는 하지만, 최고의 기억력은 무엇보다도 다음의 세 가지 요소, 즉 이성, 방법, 주의에 의존한다. 우선 기억력은 어떤 것을 완벽하게 이해하는데 달려 있다. 다음으로 우리가 잠시 잊고 있던 것을 다시 생각나게 하는 방법이 있다. 끝으로 매사 주의를 기울이는 것이 가장 중요하다. 그렇다면, 당신은 기억하고 싶은 것을 매우 주의 깊게 몇 번이고 반복해서 읽어야만 한다. 그러고 나서 그것을 주기적으로 기억의 전면으로 불러옴으로써 간혹 기억나지 않는 것도 바로 복구할 수 있어야 한다. 이런 관점에서 다음의 충고는 사소해 보여도 마음에 담아둘만 하다. 만일 당신에게 꼭 필요하지만 기억하기 어려운 것들(예컨대 지명, 운각, 불규칙 변화, 계보 등)이 있다면, 그것들을 간단하고 보기 좋은 차트로 만들어 다른 일을 하면서도 눈에 잘 띄는 벽면에 걸어두어라. 같은 방법으로 경구, 속담, 금언처럼 간결하나 함축적인 격언들도 책의 앞 뒷장에 적어두거나, 반지와 컵에 새겨두어라. 아니면, 그것들로 문이나 벽을 도배하고,[33] 심지어는 창문 유리에도 빼곡히 적어 놓아라. 내

하라. 고대 기억술과 그에 대한 르네상스 사람들의 생각에 대해서는 예이츠의 『기억술』(런던, 1966)을 참조하라. 에라스무스는 그의 『교육방법론』에서 이러한 주장에 대해 회의적이었다. 그의 「아르스 노토리아」(톰슨, 『에라스무스 대화집』, 458–461)도 참조하라.

33 「종교적 회합」(톰슨, 『에라스무스 대화집』, 46–78)에 나오는 에우세비우스의 집이 그러했던 것처럼.

말은 "자주 보고 익혀야 기억할 수 있다"는 뜻이다. 비록 이런 방법들 각각은 보잘 것 없는 것처럼 보이지만, 그것들을 함께 사용하면 지식 축적에 대단히 유익하므로 "그런 풍요로움을 바라는"[34] 사람이라면 결코 흘려들어서는 안 된다. 마지막으로 당신이 종종 다른 사람을 가르친다면, 우리의 목적 달성도 그만큼 수월할 것이다. 왜냐하면 어떤 것을 이해하고 있는지를 확인하는데 그것을 가르쳐보는 것보다 좋은 방법은 없기 때문이다. 실제로 수업을 준비하는 과정에서 새로운 생각들이 떠오르기도 하고, 가르치면서 더욱 확실하게 알게 된다.

34 헤시오도스, 『노동과 나날』, 24. 에라스무스는 그리스어를 인용한다.

본 문

학생들을 교육하는 방법

오래 전 퀸틸리아누스[35]가 매우 자세하게 다루었던 문제를 내가 다시 들추어내는 것은 적절하지 못하다. 그렇지만 당신이 내게 가르치는 방법에 대해서도 물어왔기에 나는 비트레[36]의 바람이라 에두른다. 누군가를 가르치려는 사람은 처음부터 가장 좋은 것만을 가르치기 위해 노력해야 한다. 그리고 가장 좋은 것을 올바르게 가르치려는 사람은 모든 것에 정통해야 한다. 만일 이러한 전지전능함이 인간에게 허락되지 않는다면, 그는 최소한 각 교과

---

35 퀸틸리아누스, 1-2권.

36 『교육방법론』의 헌정 대상. 피에르 비트레에 대해 에라스무스 편지 66번 서문에 약간의 정보가 있다.

의 핵심적인 내용들이라도 숙지하고 있어야 한다. 이와 관련해 나는 흔히 말하는 열 두어 명의 저술가들에 만족하지 못한다. 오히려 나는 가르칠 내용이 한줌에 불과한 사람에게도 오랫동안 전해내려온 백과사전적 지식[37]을 폭넓게 공부할 것을 권한다. 당장 작가들의 목록을 쭉 펼쳐놓고 최고로 손꼽히는 것들을 찾아 읽어라. 그러나 평범해 보인다고 어느 하나 빠트려서도 안 된다. 이러한 연습의 효과를 증진시키기 위해 미리 연습장(체계적이고 주제별로 만든)을 준비하여 적어둘만한 것이 나올 때마다 그것을 적당한 지면[38]에 옮겨 놓으면 좋다. 자세한 기입 요령은 『문체론』 두 번째 부분[39]에서 이미 설명했다. 시간이나 책이 부족한 사람에게 플리니우스[40]는 그야말로 정보의 원천이다. 그밖에도 마크로비우스와 아테나이오스가 많은 양의 정보를, 그리고 겔리우스가 다양한 지

37 에라스무스는 근대적 의미에서의 백과사전적 지식이 아닌, 고대의 일반교양교육("엔키클리오스 파이데이아")을 염두에 두고 있다. 고대인들이 전통적으로 교육받은 교과들은 중세에 접어들면서 일곱 개의 자유 학예로 표준화되었다. 7자유학예는 3학(문법, 논리, 수사)과 4과(산술, 기하, 천문, 음악)로 이루어져있다.

38 에라스무스는 연습장의 사용을 권장하고 있다. 페이지 별로 이를테면 용기, 위험, 검약 등의 제목을 적어 놓고, 책을 읽다가 각각의 주제에 상응하는 내용이 나오면 그 아래에다 첨부하는 방식이다.

39 에라스무스, 『문체론』, CWE, 24 635–648.

40 노 플리니우스. 『자연사』의 저자.

식을 제공할 것이다. 그러나 가장 먼저 읽을 것은 언제나 고대인들, 그 중에서도 그리스인들의 원전이다. 플라톤, 아리스토텔레스, 그리고 그의 제자 테오프라스토스는 최고의 철학 교사들이며, 플로티노스는 이들 양대 학파를 하나로 결합한 인물이다. 종교적인 저술가들 중에서는 성경 다음으로 오리게네스[41]만큼 능숙하게, 크리소스토무스만큼 매혹적으로, 바실리우스[42]만큼 독실하게 글을 쓴 사람도 없다. 라틴 교부들 중에서는 최소한 두 명의 달필이 있었다. 암브로시우스[43]는 은유의 명인이었고, 히에로니무스는 성서[44] 지식이 해박했다. 이들을 개별적으로 다룰 시간이 없다면, 전체적인 풍미라도 음미하라. 그렇다고 내가 지금 완벽한 독서목록을 작성하려는 것은 아니다. 당신은 박학다식한 시인들의 시구를 읽으면서 풍부한 신화의 세계로 입문한다. 이와 관련

41 오리게네스와 크리소스토무스. 알렌, 『에라스무스 서간집』, 1844, 1558:171이하, 1800:81이하.

42 성 바실리우스(c.330–79AD)는 젊은이들에게 그리스 문학을 소개하는 글도 썼는데, 그 작품은 에라스무스의 『교육방법론』에서의 주장에 함의하는 바가 있다. 윌슨의 『성 바실리우스와 그리스 문학의 가치』(런던, 1975)를 참조하라.

43 알렌, 『에라스무스 서간집』, 1855.

44 여기서 에라스무스는 정경뿐만 아니라 외경도 염두에 둔 것으로 보인다. 히에로니무스는 둘 모두에 관심이 있었고, '외경'이라는 말을 처음 사용하였다.

해 신화의 아버지인 호메로스에 견줄만한 자가 있을까? 오비디우스의 『변신이야기』와 『달력』만이 라틴어로 쓰인 것이라도 필적할 만하다. 지리학에도 정통해야 한다. 지리학은 시는 말할 것도 없고 역사를 이해하는 데도 유용하다. 지리학에 대해서는 폼포니우스 멜라[45]가 가장 간결하게, 프톨레마이오스가 가장 박식하게, 플리니우스가 가장 광범위하게 저술했다. 스트라본[46]의 경우에는 이 주제로만 글을 쓴 것이 아니다. 지리학의 목적은 고대어와 일치하는 산, 강, 지역, 도시에 해당하는 현대 모국어 단어에는 어떤 것들이 있는지를 주의 깊게 살피는 것이다. 마찬가지로 다른 교사들이 모르는 나무, 식물, 동물, 연장, 옷감, 귀금속의 명칭에도 관심을 가져야 한다. 이러한 사물 목록은 농업, 군사학, 건축, 요리, 광물, 식물, 동물에 대해 글을 썼던 각양각색의 저술가들로부터 수집할 수 있다. 비록 율리우스 폴룩스[47]가 여러 사물들과 그것들의 명칭에 대해 공공연히 글을 썼지만, 나는 그의 〔유의어〕 작업이 풍부한 내용만큼이나 정확하기를 바랄 뿐이다. 이러한 일

45 그는 1세기에 라틴어로 세계지리지를 저술하였다.

46 그리스 학자(c.64BC–21AD). 역사와 지리에 관한 글을 썼다. 그러나 그의 『지리지』만이 현존한다.

47 그는 2세기에 그리스어로 『용어집』을 편찬하였다. 그 안에는 에라스무스의 말대로 온갖 주제의 인용문들이 가득하다. 에라스무스 편지 260:52–56을 참조하라.

은 또한 어느 정도 어원을 조사함으로써, 또 부분적으로는 오늘날까지 고대어의 원형을 유지하고 있는 언어들을 조사함으로써 가능하다. 나는 콘스탄티노플의 그리스어, 그리고 이탈리어와 에스파냐어를 염두에 두고 있는데, 프랑스어는 나머지들보다 심하게 변질되었기 때문이다. 우리는 고대의 지식을 고수해야 한다. 그것은 고대의 저술가들뿐만 아니라 옛 동전과 비문[48]과 석조물로부터도 얻을 수 있다. 각종 이야기를 화려하게 수놓는 신들의 계보를 또한 공부해야 한다. 헤시오도스의 뒤를 이어 보카치오[49]가 그의 시대를 뛰어넘는 상상력을 발휘하여 신들의 계보를 다루었다. 천문학도 빠트려서는 안 된다. 특히 히기누스[50]가 그러하다.

48 르네상스 시대의 동전과 비문 연구에 대해서는 바이스의 『르네상스기 고전고대의 발견』(옥스퍼드, 1969) 11–12장과 관련 문헌 목록을 참조하라. 로렌조 발라의 『콘스탄티누스 기진장 비판』(1440)에는 역사적 전거로 동전을 사용한 유명한 예가 나온다. 이를 에라스무스가 몰랐을 리 없다. 발라는 교황청의 어떤 동전이나 메달에서도 콘스탄티누스 헌정서를 언급한 경우가 없었다는 것이 황제의 증여 문서 자체가 작성된 적이 없었다는 사실을 암묵적으로 말해주는 것이라고 주장하였다. 슈반(라이프치히, 1928)이 편집한 『콘스탄티누스 기진장 비판』 9.32를 참조하라. 인문주의자들이 생각하는 고전 문학의 부활과 시각 예술의 재발견 간의 관계는 앞서 언급한 로렌조 발라의 『라틴어의 우아함』 서문을 참조하라.

49 그의 『이교도 신들의 계보』(c.1472)는 여기저기 흩어져 있던 서로 관련 있는 고전고대 신과 영웅들을 한데 모아 놓은 백과사전적 저서로서 중세의 신화와 르네상스 시대의 신화 사이에서 가교 역할을 하였다. 세션스가 번역한 세즈넥의 『이교도 신들의 유물』(뉴욕, 1953)을 참조하라.

시인들은 자신들의 작품 곳곳에 천문학 지식을 흩뿌려 놓았다. 하늘 위 모든 것의 본질과 정수를 파악해야 한다. 그것이 시인들이 사용한 직유, 별칭, 비교, 형상, 은유, 그 밖의 다른 수사학 장치의 원천이기 때문이다.[51] 그러나 무엇보다도 역사를 알아야만 한다. 역사는 매우 광범위하게 쓰인다. 시인들만 활용하는 것이 아니다. 다시 말하지만, 기독교 작가치고 문체가 매우 뛰어났던 프루덴티우스[52]를 이해하려면 성서에 대한 지식이 해박해야 한다. 간단히 말해 군사, 농업, 음악, 건축을 망라하여 지식의 어느 한 영역도 고대의 시인들과 웅변가들을 이해하는데 유용하지 않은 것은 없다. 이렇게 말하면 당신은 눈살을 찌푸릴 것이다. 당신 말대로 초보적인 지식이나 얼마 가르치고 마는 교사에게는 굉장히 부담스러운 일이다. 나도 동의한다. 그러나 나는 한 사람〔교사〕

---

50 히기누스라는 사람이 지었다는 『시적인 천문학』(페라라, 1475)을 말한다. 편집자들은 원고에 대한 고증 없이 가이우스 율리우스(팔라티노 도서관의 관장을 지냈던 아우구스투스의 유명한 해방노예)라는 명칭을 히기누스 앞에 붙였다. 책 내용의 생경함과 부정확함은 저자의 학식이 뛰어나지 않았음을 말해준다.

51 에라스무스의 『문체론』(CWE, 24)을 참조하라. 직유(337:8이하, 587:10, 616:9–10, 635:21이하, 641:5이하), 별칭(579:15이하, 590:23이하), 비교(579:12–14, 593:6이하, 616:6이하, 624:22이하, 630:6이하, 635:19이하), 대비(621:1), 형상(623:18이하, 642:22이하), 은유(333:1이하, 335:1이하).

52 그의 시 두 편에 대해 에라스무스는 주석을 남겼다. LB V 1338–1358.

에게 부담을 지움으로써 다수의 수고를 덜려는 것이다. 모두가 모든 것을 읽을 바에야 차라리 한 사람이 모든 것을 읽는 것이 좋다는 말이다.

일찍이 퀸틸리아누스[53]는 소년들이 글을 배우는 올바른 방법(글자를 놀이나 게임을 가장해 습득하는 방법까지)에 대해 자세히 설명했다. 내 충고는 소년들에게 가장 기본적인 것들만 알려준 뒤에 바로 말하기 연습을 시작하라는 것이다. 어린 아이들은 아무리 낯선 언어라도 몇 달이면 말을 할 수 있다. 그리스어와 라틴어라고 크게 다르겠는가? 그러나 한 무리의 소년들을 데리고는 가당치도 않은 일이다. 가정교사의 개인적인 지도가 필요하다. 그렇긴 하지만, 학교의 교사도 대화 상대가 여럿이든 하나이든 상관없이 최대한 올바르게 말하기 위해 노력할 것이다. 그는 도중에 내용 설명을 곁들이고, 소년들에게 자기를 따라해 보라고 시킨다. 그러다가 그들의 말솜씨가 뛰어나면 칭찬하고, 그렇지 못하면 바로잡아준다. 이러한 연습을 통해 소년들은 정신을 집중해 정확하게 말하는 습관을 형성하고 교사의 말을 주의 깊게 듣는 태도를 기른다. 학생들끼리 서로 잘못을 고쳐주고, 동기 부여 차원에서 보상과 처벌 규정을 만들어 놓는 것도 괜찮다. 이때 교사는 학습 진도가

---

53 퀸틸리아누스, 1.1.11, 24-26.

빠른 학생들 중에서 '심판'을 골라야 한다. 소년들이 놀이, 단체생활, 식사 시간에 사용하는 관용어 지침[54]을 마련해 놓아도 좋을 것이다. 이러한 지침은 누가 보아도 알기 쉽고 적합해야 한다. 게다가 우리의 근면하고, 박식하고, 명민한 교사는 문법학자들의 온갖 수칙들을 긁어모아 그것들 중에 제일 간단하면서도 명료한 것들만을 선별하여 가장 적합한 순서로 배열해 놓을 것이다.

그러한 것들을 배운 뒤에 소년들은 우리 목적에 부합하는 좋은 글들을 읽으면서 올바른 언어(말하기와 글쓰기) 습관을 형성해야 한다. 이 단계에서 교사는 이전에 가르쳤던 것들을 실례[55](교사 자신의 본보기를 포함하여)를 들어 설명하면서 앞으로 있을 공부도 준비할 것이다. 이제부터는 '주제'를 가지고 연습해야 한다. 이때 내용이 빈약하거나 형식이 고루한 주제는 삼간다. 주제는 논점이 명료하고 매력적이어야 하며[56], 어린 아이들의 능력도 크게 웃돌지 않아서 그들이 다른 것에 집중하면서도 나중에 공부할 내용을 앞당겨 배울 수 있어야 한다. 그러므로 교사는 소년들에게 특정

54 어려서 예절을 익히는 방식과 똑같다. 톰슨, 『에라스무스 대화집』, 555이하. 에라스무스, 『어린이예절서』, 1530.

55 에라스무스, 『문체론』, CWE, 24 606:26이하.

56 에라스무스의 『문체론』(CWE, 24) 627:11이하에 나오는 경구들을 참조하라.

주제나 기억할만한 역사적 사건을 제시해야 한다. 한 예로 "마르켈루스[57]의 성급한 자기 확신은 로마를 위태롭게 했지만, 파비우스의 신중한 지연술[58]은 상황을 호전시켰다." 물론 여기에는 조급함이 일을 그르친다는 암묵적인 교훈이 들어있다. 마찬가지로 "황금을 바다에 내던진 크라테스와 황금을 최고로 여긴 미다스 중에 누가 더 어리석은지를 판단하기는 어려울 것이다." 같은 맥락에서 "데모스테네스와 키케로의 주체할 수 없는 말솜씨가 그들의 파멸을 자초하였다." 또, "시민들의 안전을 위해서라면 자신의 생명도 내놓겠다던 코드루스 왕[59]의 훌륭함은 아무리 칭찬해도 부족함이 없다." 교사는 이러한 많은 전례들을 역사가들, 특히 발레리우스 막시무스의 글에서 어렵지 않게 모을 수 있을 것이다. 아니면, 신화에서 가져다 써야 한다. 예를 들어 "헤라클레스는 괴물들을 무찔러서 영생을 얻었다." 또, "뮤즈의 아홉 여신은 희뿌연 도시를 벗어나 샘물을 마시고 풀밭에서 뛰노는 일을 몹시 좋

---

57 마르쿠스 클라우디우스 마르켈루스. 기원전 3세기 로마의 유명한 장군. 갈리아 원정과 첫 번째 포에니 전쟁에 참전했다.

58 퀸투스 파비우스 막시무스. 로마군 사령관으로서 한니발과의 정면 대결을 피하면서 그를 끊임없이 괴롭히는 계책을 구사하였다. 이런 지연술로 말미암아 "미적거리는 사람"이라는 별칭을 얻었다. 플루타르코스의 『영웅전』에 등장하는 인물이기도 하다.

59 아테네 전설상의 마지막 왕이다. 펠로폰네소스 사람들이 쳐들어오자 자신의 목숨을 버려 조국을 구했다고 전해진다.

아한다." 교사는 우화도 이용해야 한다. 가령 "자기가 처리할 수 있는 일을 친구에게 맡기지 말라는 종달새[60]의 가르침은 옳았다." 마찬가지로 "지갑[61]을 앞으로 매면 누구나 쳐다보지만, 뒤로 차고 다니면 보는 사람이 없다." 그런 것처럼 "영리한 여우는 이미 자신의 피를 충분히 빨아먹어 포만감을 느끼는 모기를 내버려두는데, 그 녀석을 쫓다보면 어느새 다른 굶주린 놈들이 달려들어 나머지 피까지도 모조리 빨아먹기 때문이다." 교사는 잠언[62]도 사용해야 한다. 이를테면 "우리 시대에는 사람을 돈이 아닌 인품을 보고 고르는 일이 이미 옛 풍습이 되었다." 또, "소크라테스[63]는 살기 위해 먹는 것이 아니라 먹기 위해 사는 사람을 진중히 훈계했고, 카토[64]도 미각이 지성을 앞서는 자를 크게 나무랐다." 다음과 같은 속담도 유용하다. "송충이[65]는 갈잎을 먹으면 죽는다." "모두가 코린토스[66]로 갈 수 있는 것은 아니다." 이런 종류의 속

60 겔리우스, 2.29.

61 카툴루스, 22.21. 파이드루스, 4.10.1.

62 1531년 에라스무스는 여덟 권 분량의 『잠언집』을 출간했다. LB IV 93-380.

63 『잠언집』(LB IV 160c) 참조.

64 『잠언집』(LB IV 260-262 여러 곳).

65 에라스무스, 『격언집』, I vi 16.

66 에라스무스, 『격언집』, I iv 1. 그의 『문체론』(CWE, 24) 295:10n을 참조하라. 윗줄의 속담과 함께 에라스무스가 가장 좋아했던 경구다.

담들은 내가 발행한 『격언집』에서도 쉽게 찾아볼 수 있다. 교사는 경구도 활용해야 한다. 예컨대 "세상에 공짜는 없다."[67] "아첨은 호의를 낳지만[68], 진실은 증오를 부른다."[69] "멀리 떨어져 있으면 친구가 아니다."[70] 사물의 특징으로부터 도출할 수 있는 주제들도 있다. 예를 들어 "자력은 쇠붙이를 서로 달라붙게 하지만, 나프타는 불을 붙인다."[71] "야자수는 본래 무겁게 내리눌러도 땅에 닿지 않고 오히려 위쪽으로 방향을 일으켜 세운다."[72] "오징어에게는 해저면의 색깔로 위장해 어부의 그물을 피하는 놀랄만한 능력이 있다."[73] 그밖에 점차 절정으로 치닫는 수사적 비유를 들어라. "부는 사치를, 사치는 지나침을, 지나침은 잔인함을, 잔인함은 만연한 증오를, 증오는 파괴를 낳는다." 아니면, 직유를 사용하라. "쇠는 사용하면 닳지만 그대로 두면 녹슬어 부식되는 것처럼, 능력도 과하게 쓰면 소진되지만 전혀 단련하지 않으면 불용과 방치로 줄어든다." 또, 은유도 구사하라. "불은 불로 다스리지

---

67 에라스무스의 「문체론」(CWE, 24) 444:4n을 참조하라.
68 테렌티우스, 「안드리아」, 68.
69 에라스무스, 「격언집」, II ix 53.
70 에라스무스, 「격언집」, II iii 86.
71 에라스무스, 「격언집」, I vii 56.
72 에라스무스, 「격언집」, I iii 4.
73 에라스무스, 「격언집」, II iii 91.

말고, 성난 물에는 기름을 붓지 말라." 교차배열도 염두에 두라. "그런 사람이 되기를 바라는 것은 네가 마음에 들어서가 아니라, 너를 마음에 드는 사람으로 만들고 싶어서이다." 수사적 구분도 있다. "그는 너무 멍청해서 입을 다물 줄 모르고, 너무 치기에 차서 말을 할 줄 모르고, 너무 천진해서 거짓말을 할 줄 모르고, 너무 근엄해서 눕지 못한다." 여기서 나는 대강 그 방법을 일러줄 뿐이다. 소년들이 말을 할 때, 그들의 용어 선택은 주도면밀하여 예를 들지 않아도 되고, 문학적 기교(경구, 역사적 사례, 속담, 비유어 등)는 적절히 중첩하여 사용해도 무방하다. 이를 위해 교사는 권위 있는 저작들을 넘나들면서 이런 종류의 명구들을 폭넓게 수집하여 편찬하고, 그것들을 소년들의 능력에 맞게 고쳐 써야 한다.

이런 방법들을 통해 말하기 능력을 어느 정도 습득한 뒤에 소년들은 보다 높은 수준의 문법을 익혀야 한다. 문법 수업은 처음에는 가장 쉬운 것을 간략하게 다루고, 점차 학습자의 문법 실력이 늘어남에 따라 상급 규칙들을 학습하는 방식으로 조직한다. 테오도루스 가자[74]의 문법서가 이러한 계열적 조직의 전형을 이룬다. 그러나 나는 소년들을 문법 공부에 너무 오랫동안 붙잡

74 앞의 주, 15.

아 두고 싶지 않다. 특히 그들이 내가 앞서 말했던 수사법을 비롯해 비유적 표현과 시의 형식을 이미 잘 이해하고 있다면, 다음으로 고대의 훌륭한 작품들을 읽어야 한다. 그러나 이때도 소년들은 위의 연습들(문장 구문, 시의 규칙과 형식, 수사학의 제법칙 등)을 병행해야 한다. 교사는 이런 연습들을 계획하고 시행할 만큼 부지런하고 박식해야 한다. 만일 그에게 그만한 능력이 없다면 주변의 학식 있는 사람들에게 도움을 청해야 한다. 소년들의 연습 형태는 대체로 다음과 같다. 한 번은 모국어로 쓰인 짧지만 인상적인 편지[75]의 내용을 라틴어나 그리스어, 아니면 두 언어 모두로 해석한다. 다른 한 번은 교훈적인 우화, 간단하면서도 의미심장한 이야기, 네 구절 경구[76](둘씩 서로 대비를 이루고 각각 의미를 동반하는)를 가져다 쓴다. 또 다른 경우에는 다섯 단계[77]로 증명을 제시하고, 딜레마를 둘로 쪼개 논하고, 장식[78]의 일곱 과정을 전개한다. 가끔씩 학생들은 수사학의 전주로서 각 부분을 독립적으로 다룬

---

75 편지 쓰는 방법에 대해서는 에라스무스의 『편지쓰기에 대하여』 1521, 1522를 참조하라. LB I 345–484. ASD I–2 157–579.

76 에라스무스, 『문체론』, CWE, 24 628:1–7.

77 『헤렌니우스를 위하여』, 2.18.28.

78 『헤렌니우스를 위하여』 4.42.54를 참조하라. 에라스무스, 『문체론』, CWE, 24 630:7이하.

다. 아프토니우스[79]는 이러한 종류의 수사학 연습서를 저술했다. 종종 그들은 칭송, 비난, 신화, 직유[80], 비교를 다루고, 때때로 비유적 표현이나 묘사, 구분[81], 인격화[82], 수사적 질문과 답변[83], 의미화[84]를 다룬다. 그들은 주기적으로 운문을 산문으로[85], 다시 시간을 두고 산문을 운문으로 고쳐 쓰는 훈련을 받는다. 간간이 그들은 플리니우스나 키케로의 편지글에 나타난 어휘와 문체를 따라하고, 때로는 동일한 명제를 상이한 단어와 문체로 반복해서 표현한다. 간혹 그들은 동일한 명제를 그리스어와 라틴어로 운문과 산문을 넘나들며 달리 표현하고, 이따금 동일한 명제를 교사의 처방에 따라 오음보 또는 육음보로 나타낸다. 가끔씩 그들은 동일한 명제를 최대한 많은 형식과 수사로 재구성한다. 그리스어를 번역하는 것은 대단히 유익한 연습이다. 그러므로 학생들은 가급

79 4세기 수사학자. 그의 수사학 연습서는 16세기에 학교 교과서로 사용되었다.

80 앞의 주, 51.

81 수사학적 배열. 『헤렌니우스를 위하여』, 4.35.47, 4.40.52. 에라스무스, 『문체론』, CWE, 24 427:17이하.

82 『헤렌니우스를 위하여』 4.52.65의 대화술과 퀸틸리아누스 9.2.29–32의 활유법을 참조하라.

83 에라스무스, 『문체론』, CWE, 24 347:30이하. ASD I–2 131:5n.

84 "떠오르는 형상에 의거해 어떤 것을 서술하는 방식"(에라스무스, 『문체론』, CWE, 24 332:18).

85 에라스무스, 『문체론』, CWE, 24 303:21–24.

적 자주 꼼꼼하게 이러한 연습을 하는 것이 바람직하다. 우리는 의미를 이해하는 훈련을 통해 각 언어의 생명성과 특색을 제대로 인식하고 우리와 그리스인 사이의 유사점과 차이점을 이해하기 때문이다. 마지막으로 그리스어 특유의 어조를 포착하기 위해 우리는 가용한 라틴어 자산을 총동원해야 한다. 이 일은 소년들이 처음하기에는 어려운 것처럼 보이지만, 연습을 통해 차츰 쉬워지고, 여기에 교사의 기지와 열의가 보태지면 그들의 능력을 넘어서는 것도 그다지 문제가 되지 않을 것이다.

한편 고전 강독[86] 사이사이에 위에서 말한 연습들을 끼어 넣어 학생들에게 모방을 위한 자료들을 끊임없이 제공해야 한다. 교사는 어휘와 수사적 표현이 풍부한 연습 상황을 설정하여 학생들로 하여금 스스로 그것들을 찾아보도록 해야 한다. 학생들은 주장의 개요를 파악한 다음, 그들 각자가 해당 주제를 논하고, 꾸미고, 강화하는데 적절한 것이 무엇인지를 그 자신의 노력[87]으로 알아내야 할 것이다.[88] 이런 점에서 박식한 교사라면 학생들에게 다양한 선택지를 제공할 것이다. 서간문 하나만 예를 들어도, 교사는 설득하는 편지, 만류하는 편지, 권고하는 편지, 말리는 편

86 퀸틸리아누스, 1.8.1–12, 2.5.1–17.

87 에라스무스, 『격언집』, I vi 19.

88 에라스무스가 『문체론』을 저술한 목적을 단적으로 말해주는 문장이다.

지, 묘사하는 편지, 치하하는 편지, 타이르는 편지, 칭찬하는 편지, 위로하는 편지 각각에서의 주장[89]을 돌아가며 설명할 것이다. 그는 편지의 유형별 특징을 비롯하여 모든 편지에 공통인 요소와 관용구를 일러줄 것이다. 그리고 일단 논점을 설명하고 나서는 그 편지만의 특성에 주목할 것이다. 교사는 동일한 방법을 상이한 웅변술 연습에도 적용할 것이다. 예컨대 그는 논증적인 장르에서 학생들에게 율리우스 카이사르를 비난하거나 소크라테스를 칭찬할 것을 주문한다. 그리고 설득적인 장르에서 다음의 주제들을 다룰 것이다. "가장 좋은 것은 가장 먼저 배워야 한다."[90] "행복은 부유함에 있지 않다." "어머니는 자식에게 모유[91]를 먹여야 한다." "사람은 그리스어를 배워야(또는, 배우지 말아야) 한다." "남자는 결혼[92]을 해야(또는, 하지 말아야) 한다." "우리는 해외로 여행[93]을 떠나야(또는, 떠나지 말아야) 한다." 마찬가지로 법적인 장르에서 "마르쿠스 호라티우스[94]는 지탄받을 짓을 하지 않았다"는 주장을 제기

---

89 에라스무스는 그의 『편지쓰기에 대하여』에서 서로 다른 편지 유형들을 분석하고 예를 제시한다.

90 에라스무스 편지 56: 32.

91 그가 여러 번 언급한 주제이다. 가령 아이를 낳은 여성에게 말한다(톰슨, 『에라스무스 대화집』, 272-285).

92 에라스무스, 『문체론』, CWE, 24 598:9n.

93 아니면, "순례."

94 리비우스, 1.26. 애국적이지 못한 누이를 죽인 호라티우스의 이야기. 퀸

할 것이다. 그러나 선생 노릇을 하려는 자는 무대에 처음 오르는 사람들에게 각종 주장에 따르는 명제들에는 어떤 것들이 있는지를 먼저 알려주고, 나아가 그런 명제들의 순서와 전개 과정을 보여주어야 할 것이다. 다음으로 각각의 명제를 뒷받침하는 근거들은 얼마나 있고, 근거마다 증거들은 얼마나 되는지를 말해줄 것이다. 그러고 나서 그는 증거의 정황과 밑바탕을 이루는 자료를 제시할 것이다. 이어 각 부분을 어떤 종류의 비유, 대조, 보기, 유사, 경구, 속담, 신화, 우화로 치장했는지를 암시할 것이다. 그는 또한 비유적 표현을 사용한 곳이 어디인지, 어디서 이목을 끄는 실례를 들어 연설을 한층 예리하거나 과장되게, 명료하거나 매력적으로 만들었는지를 지적할 것이다. 수사적 효과를 감안해 부연[95]이 필요한 곳이라면, 그는 그 방법을 설명할 것이다. 이때 일상적인 표현 아니면, 퀸틸리아누스의 네 갈래[96] 방법을 사용하는 것이 좋다. 만일 감정에 호소하려면, 그는 어떤 방식으로 표현해야 하는지를 알려줄 것이다. 물론 그는 도입에서 개요로, 개요에서 부문으로, 부문에서 증거로, 명제에서 명제로, 근거에서 근거로, 증거

틸리아누스, 3.6.76, 4.2.7, 7.4.8.

95 에라스무스, 『문체론』, CWE, 24 437:7–11, 507:9–15, 592이하. 퀸틸리아누스, 8.4.1이하.

96 퀸틸리아누스, 3.6.80이하, 8.4.3.

에서 결말이나 결론으로 나아가는 연결 법칙과 전환[97] 형식도 제공할 것이다. 그는 또한 부드럽게 서론을 열거나 결론으로 접어드는 몇몇 법칙들을 소개할 것이다. 마지막으로 그는 지금 바로 가져다 쓸 수 있는 고전 문구들을 알려주면 좋을 것이다. 이런 식으로 일고여덟 번 정도 연습하고 나서, 호라티우스의 말대로 "코르크판을 떼고 헤엄치기"[98] 시작해야 한다. 이제 교사는 연습할 주제만 던져주면 그만이다. 더 이상 아이[99]처럼 잘게 부순 음식을 입안에 떠먹이지 않아도 된다.

나는 고대인들의 연습 방식에도 반대하지 않는다. 내 말은 연습 주제를 설정할 때 호메로스, 소포클레스, 에우리피데스, 베르길리우스, 그리고 경우에 따라서는 고대의 역사가들의 글귀도 포함하라는 것이다. 예컨대 "메넬라오스는 트로이 회합 전에 헬레네를 도로 데려와야 한다." 또, "포에닉스는 아킬레우스가 전장으로 돌아오도록 설득해야 한다." 아니면, "오디세우스는 트로이 사람들에게 전쟁을 감내하지 말고 헬레네를 내어주라고 충고해야

97 에라스무스의 『문체론』(CWE, 24) 53장을 참조하라.

98 더 이상 도움이 필요하지 않은 상태. 호라티우스, 『풍자시』, 1.4.120. 에라스무스, 『격언집』, I viii 42.

99 에라스무스의 말장난. 그는 "말 못하는 아이"를 가리키는 "인판스"라는 단어를 사용하여 "말솜씨가 없는 웅변가"를 나타낸다. 키케로, 『웅변가론』, 2.162. 교사를 산파에 비유함은 소크라테스에서 연유한 것이다.

한다." 이러한 행간들에서는 리바니우스[100]와 아리스티데스[101]의 수사학 연습도 엿볼 수 있다. 또 다른 예로는, 세네카[102]가 주장한 "친구라면 키케로에게 안토니우스의 제의를 수용하지 말라고 청해야 한다." 또, "팔라리스는 델피의 사제들을 설득하여 청동 황소를 신에게 바쳐야 한다." 이와 관련해 팔라리스[103]와 브루투스

---

100 안티오크 출신의 그리스 수사학자(4세기). 그의 콘스탄티노플 학교는 율리아누스 황제의 후원을 받았다. 에라스무스는 리바니우스의 연설문 세 편을 번역(1503년)하여 루뱅에서 출간(1519년)하였다. ASD I-1 175-192 참조. 에라스무스는 리바니우스의 연설문을 아라스의 주교이자 루뱅대학의 총장이었던 니콜라스 라우스터에게 헌정하였다. 에라스무스가 소지하고 있던 번역 기증본은 케임브리지 트리니티 칼리지 도서관에 소장되어 있다(에라스무스 편지 177).

101 아일리오스 아리스티데스. 2세기 그리스 수사학자. 옛 아티카 양식을 모방하여 편지와 연설문을 작성했다. 1517년 피렌체 준타 출판사에서 아리스티데스 작품집 초판을 출간하였다. 그러나 에라스무스는 그의 『격언집』을 준비하면서 그 원고를 미리 접하였다. "많은 학식 있는 자들이 자발적으로 나에게 미출판 저작들을 보여주었다"(『격언집』 LB II 405C-D).

102 노 세네카. 가령 그는 『설득법』 6에서 여러 가지 찬반 논쟁을 소개한다. 이런 설득이나 숙고 형태의 연설에서는 주제를 정하고 그것에 대한 찬성 또는 반대 주장을 전개한다. 자세한 것은 퀸틸리아누스의 2.4.24를 참조하라. 엘리자베스 시대의 유명한 예는 『햄릿』에 나오는 "죽느냐 사느냐" 독백이다. 안토니우스가 키케로에게 제의한 것에 대한 설득과 숙의는 에라스무스의 『문체론』(CWE, 24) 597:26이하를 참조하라.

103 기원전 6세기 시칠리아 아크라가스의 독재자. 그는 반항하는 자들을 놋쇠로 만든 황소 안에 집어넣어 불태워 죽였다고 전해진다. 에라스무스, 『격언집』, I x 86.

의 이름으로 세상에 회자되는 편지들[104]이 있다. 교사는 학생들의 잘못을 바로잡으면서 그들이 솜씨 좋게 지어내고, 논의하고, 모방한 경우에는 칭찬하고, 그렇지 못한 경우(어떤 것을 빼먹고, 잘못 배치하고, 지나치거나 부족하고, 불분명하고, 심지어 표현이 부적절한)에는 혼을 내야 한다. 그는 학생들에게 잘못된 부분이 어디이고 그것을 어떻게 고쳐야 하는지를 알려주어야 한다. 이를 통해 그들은 잘못된 것을 바로잡는 습관을 형성하게 된다. 이때 교사는 학생들 서로 간의 비교를 통해 경쟁심을 촉발시킴으로써 그들의 마음 속 기개를 북돋아야 한다.

이제 고전을 강독[105]하는 단계에 이르렀다. 나는 오늘날 교사들의 일상적인 행태를 따르고 싶지 않다. 그들은 삐뚤어진 야심으로 모든 구절을 철저한 고증이 필요한 텍스트처럼 다룬다. 그러나 나는 작금의 구절을 해석하는데 적합한 것들만을 논의하고자 한다. 다만 간헐적인 여담[106]은 강독의 즐거움을 배가시키는 효과가 있다. 만일 당신이 고전을 읽는 방법까지 내게 묻는다면,

104 리처드 벤틀리(1697)는 팔라리스가 썼다고 추정하는 편지들이 위조된 것들임을 밝혀냈다. 마르쿠스 유니우스 브루투스가 키케로에게 보낸 편지 두 통도 진위가 의심스럽다. 키케로의 『친구에게』 3.616-619를 참조하라.

105 앞의 주, 86.

106 에라스무스, 『문체론』, CWE, 24 589:7이하.

다음과 같이 말하는 것이 최선일 것이다. 우선 교사는 강독하려는 저자를 간략히 소개함으로써 청중들의 이해를 돕는다. 그러고 나서 그는 저자의 주장으로부터 얻을 수 있는 유쾌하고 이로운 점이 무엇인지를 일러준다. 다음으로, 만일 (종종 있는 일이지만) 주장을 서로 다르게 해석할 여지가 있다면 교사는 그것들 각각을 설명하고 서로 간의 차이를 알려주어야 한다. 예를 들어 테렌티우스[107]의 희극을 살펴보자. 교사는 희극을 강독하기 전에 먼저 그 저자가 살았던 시대, 그의 타고난 재능, 그의 우아한 말솜씨를 간단히 논의해야 한다. 그런 뒤에 그는 희극 읽기의 즐거움과 유익함을 언급하고, 이어 이런 형태의 문학의 중요성[108], 기원, 형식, 원리 등에 대해 말해야 한다. 다음으로 그는 이야기의 개요를 가급적 명확하고 간결하게 전달해야 한다. 그는 희극의 음보도 잊지 말아야 한다. 뒤이어 그는 극의 주요 내용들을 순서대로 배열하고, 그것들 각각을 자세히 설명해야 한다. 이와 동시에 교사는 각종 미사어구·의고체·신조어·그리스풍 어법, 모호하거나 장황한 표현, 느닷없거나 뒤죽박죽인 순서, 알아두면 좋을 어원·유래·작문법[109], 맞춤법·비유적 표현·수사적 문구·윤색·어구 변형 등을

107 앞의 주, 21.

108 에라스무스, 『문체론』, CWE, 24 591:9n.

109 구절과 구절을 연결하는 방법들. 에라스무스, 『문체론』, CWE, 24 30장

통해 청중들의 주의를 끌어야 한다. 아울러 그는 작가들 간의 비슷한 구절들을 비교하면서 차이점과 유사점을 끄집어내야 한다. 라틴어 저작들 대부분이 그리스 작품들에 기원을 두고 있는 만큼, 무엇을 모방했고, 어떤 것을 단순히 반복했으며, 어디서 자료의 출처가 다르고, 어디서 같은지도 살펴보아야 한다. 마지막으로 그는 철학으로 눈을 돌려 시인들의 이야기에 함축된 도덕적 내용[110]을 에두르거나, 아니면 정형화된 형태로 제시해야 한다. 가령 필라데스와 오레스테스의 이야기를 우정의 표상으로, 아니면 탄탈루스[111]의 이야기를 탐욕이 부른 저주의 본보기로 삼아야 한다. 여기서 호메로스의 주석자인 에우스타티오스[112]는 교사에게 도움이 될 것이다. 말하자면 이런 식이다. (교사가 명민한 사람이라면) 어린 아이들을 타락시킬만한 구절이 나타나도 그들의 주의를 그것에 대한 주석과 올곧은 생각으로 환기시키면서 도덕적으로 해로운 것을 이로운 것으로 바꾸어놓을 수 있다. 예컨대 누군가 베르길

(345:1이하).

110 르네상스 저술가들이 늘 염두에 두었던 주제. 에라스무스, 『문체론』, CWE, 24 610:16이하.

111 에라스무스, 『격언집』, I vi 22, II vi 14.

112 12세기 테살로니카의 대주교. 『일리아드』와 『오디세이아』에 대한 광범위한 주석을 남겼다. 초판은 로마에서 1542–1550년에 간행되었다. 초기 학자들의 고전 방주를 확인할 수 있는 귀중한 자료이다.

리우스의 두 번째 『전원시』[113]를 강독한다면, 교사는 그 작품을 읽기에 앞서 독자들의 마음을 다음과 같은 경구들로 미리 다잡고 보호해야 한다. 즉, 우정[114]도 비슷한 사람끼리 맺는 것이다. 유유상종이다. 반면에 상이함[115]은 증오와 불신을 낳는다. 서로 닮은 구석이 많을수록 우정도 그만큼 돈독해진다. 이런 식으로 말하는 속담들은 차고 넘친다. 예컨대 집주인이 선량하면 그의 집에는 착한 사람들만 온다. 비슷해야 재미있고, 똑같아야 즐거운 것이다. 그러니 비슷한 자를 아내로 맞이하라. 신은 항상 같은 것끼리 모아 놓는다. 까마귀는 까마귀와 어울린다. 끼리끼리 놀고, 똑같으면 뭉친다. 과부 설움은 홀아비가 안다. 벙어리 속은 벙어리가 안다. 귀뚜라미에게는 귀뚜라미가, 개미에는 개미가, 크레타 사람에게는 아이기나 사람이 소중하다.[116] 이와 반대로, 서로 다름을 말하

113 이교도 문학이 기독교도에게 주는 도덕적 중요성과 이에 대한 에라스무스의 생각에 대해서는 다음의 자료들을 참조하라. 볼가, 『고대의 유산과 그 수혜자들』(케임브리지, 1958) 337-340, CWE 23 xxix-xxxii, 앞의 주, 6.

114 에라스무스, 『격언집』, I i 2.

115 에라스무스는 『대화집』에서 우정의 문제를 다루면서 자연 발생적인 공감과 반감에 대해 이야기한다(톰슨, 『에라스무스 대화집』, 516-527).

116 인용 출처를 차례대로 나열하면 다음과 같다. 에라스무스, 『격언집』, I x 35, I ii 21, I ii 20, I viii 1, I ii 22, I ii 23, I x 71, I ii 20, I ii 62, I ix 77, I ii 24, I ii 27.

는 속담들도 만만치 않게 많다. 이를테면, 지위와 삶의 방식과 관심사가 상이한 사람들 간에는 우정이 있을 수 없다거나, 혹 그런 것이 있더라도 관계가 돈독하지 못하고 쉽게 어그러진다. 그러한 이유에서 까막눈은 학자를, 속인은 사제를, 촌놈은 궁정인을, 젊은이는 노인네를 미워한다. 같은 맥락에서 에피쿠로스학파는 스토아학파를, 철학자는 법률가를, 시인은 신학자를, 말더듬이는 웅변가를 몹시 싫어한다. 이러한 이유에서 쌍둥이 형제인 암피온과 제토스의 우의는 깨지기 일보 직전이었다. 하나는 악기에 심취했고, 다른 하나는 농사일을 즐겼기 때문이다. 그리하여 암피온[117]이 악기를 집어던지고 아우의 취미를 따르지 않았던들 형제애는 정말로 자취를 감추고 말았을 것이다. 마찬가지로 카스토르와 폴리데우케스[118]의 우애도 같은 날 한 알에서 태어나 존속살인까지도 염두에 두는 사이였지만 매우 위태로웠다. 왜냐하면 하나는 권투에, 다른 하나는 승마에 열심이어서 그들은 정말이지 쌍둥이라고

117 제우스와 안티오페 사이에서 태어났다. 제투스와 쌍둥이 형제로서 테베를 공동으로 다스렸다. 오르페우스마냥 리라 타는 솜씨가 빼어나서 그의 신묘한 악기 소리에 돌들이 저절로 움직여 테베의 성벽을 쌓았다고 전해진다.

118 "디오스쿠리(제우스의 자식)"로도 불린다. 제우스와 레다의 아들로서 카스토르와는 쌍둥이 형제이다. 용맹무쌍함의 대명사이다. 훗날 하늘로 올라가 쌍둥이자리를 이룬다.

말할 수 없었기 때문이다. 레무스와 로물루스도, 하나는 성품이 음침하고 근엄했지만, 다른 하나는 느긋한 성질이어서 서로 마주 보기 힘들었다. 이러한 이유에서 그의 이름도 로무스에서 로물루스로 바뀌었다.[119] 카인과 아벨도 상이한 형태의 삶을 영위하였기에 서로 사이가 좋지 않고 미워할 수밖에 없었다. 무릇 사랑이 깊어지려면 서로 닮은 점이 많아야 한다. 이와 관련해서는 시인들도 많이 노래했다. 보기를 들면, 나르키소스[120]는 세상의 모든 사랑에 일절 무심하다가 샘물에 비친 자기 모습에 매료되어 스스로를 사랑하게 되었다. 물에 비친 그림자만큼 우리 자신과 닮은 것이 또 있겠는가? 따라서 배움이 있는 사람은 배움이 있는 사람에게, 정신이 멀쩡한 사람은 정신이 멀쩡한 사람에게, 다소곳한 사람은 다소곳한 사람에게, 정직한 사람은 정직한 사람에게 마음이 끌리기 마련인데, 각자가 타인에게서 자기 자신의 성품을 보기 때문이다. 다른 몸에 투영된 자신의 모습에 끌리는 것이다. 만일 그러한 비슷함이 영혼의 선량함, 즉 경건, 정의, 절제와 같은 참된 선에 뿌리를 두고 있다면, 그로부터 나오는 우애도 그런 덕목을 장려하는 특질들인 정직, 진실, 진심, 견실, 영원에 바탕을 둘 것이

119 베르길리우스의 『아이네이스』 1.273에 대한 세르비우스의 주석을 참조하라.

120 오비디우스, 『변신이야기』, 3.407이하.

다. 그러나 그러한 비슷함이 덧없는 세상사나 심지어 조악한 품성에 의한 것이라면, 교사는 어떤 올바른, 유쾌한, 변치 않는 우애도 가능하지 않음을 일러주어야 할 것이다. 따라서 그는 플라톤이 어떻게 천상과 지상의 두 종류 비너스[121]를 생각해 냈는지를 말해주고, 아울러 각각의 어머니에 상응하는 두 종류의 큐피드에 대해서도 설명해야 한다. 천상의 비너스는 참된 형상을 낳고, 그녀의 아들은 참되고 고귀한 애정을 심는다. 선한 사람들 사이에서 사랑은 언제나 서로를 향하지만, 성품이 천한 사람들 중에서는 하나가 사랑을 하면 다른 하나가 증오를 품고, 하나가 쫓아다니면 다른 하나가 도망가기 마련이다. 이런 일은 보통 기질과 관점이 서로 비슷하지 않기 때문에 발생한다. 시인들의 큐피드는 이러한 점을 세련되게 표현한 것에 지나지 않는다. 한 번은 사람의 심장을 금 화살로, 다른 한 번은 납 화살로 관통시킨다. 그리하여 금 화살을 맞으면 사랑에 빠지고, 납 화살을 맞으면 그로부터 뒷걸음친다. 이런 형태의 '우애'보다 끔찍한 것은 세상 어디에도 없다. 그렇다면, 베르길리우스는 그의 『전원시』에서 매우 잘못된

121 플라톤, 『향연』, 180D–E. 르네상스 신플라톤주의에서 두 종류 비너스 논의가 차지하는 중요성에 대해서는 다음을 참조하라. 파노프스키, 「피렌체와 이탈리아 북부지역의 신플라톤 운동」, 『도상해석학 연구』(뉴욕, 1939).

형태의 우애를 상징적으로 보여주고 있다. 코리돈은 시골 출신이고, 알렉시스는 도시 출신이다. 코리돈은 양치기고, 알렉시스는 궁정인이다. 코리돈은 촌스럽지만(베르길리우스의 말대로 그의 노래는 단순하다), 알렉시스는 박식하다. 코리돈은 나이가 많고, 알렉시스는 한창 젊다. 코리돈은 추하고, 알렉시스는 아름답다. 간단히 말해 그들은 모든 면에서 서로 다르다. 그러므로 사려 깊은 사람이라면 자기와 성품이 비슷한 사람을 친구로 삼아야 한다. 그래야 서로 사랑을 주고받는 관계가 된다. 만일 그[122]가 이런 식으로 작품을 소개하고, 그에 입각해 코리돈의 잘못되고 천박한 애정이 담긴 구절들을 보여준다면, 청중들의 마음에 나쁜 영향을 주는 일은 없을 것이다. 이미 마음이 타락한 자가 작품을 읽는 경우가 아니라면 말이다. 왜냐하면 그런 사람은 본래부터 사악한 것이지 작품으로부터 감염된 것이 아니기 때문이다. 나는 이러한 특정 사례를 상당히 자세하게 다루었다. 그리하여, 다른 경우들에도 유사한 방법으로 작품을 소개할 수 있을 것이다.

한편 교사는 문학 작품 각각의 장르별 특성과 그 안에서 무엇을 가장 주의 깊게 살펴보아야 하는지를 알려주어야 한다. 예컨대 경구의 본질은 촌철살인에 있다. 그러므로 그는 퀸틸리아누

122 교사를 말한다.

스와 키케로의 기지론[123]에 주목할 것이다. 이러한 문학 형태는 특히 수사적 감탄[124]을 자아내는 재미가 있다. 영리하게도 끝자락에 탄성이 나오므로 독자들에게 강한 여운을 남긴다. 비극의 경우, 교사는 주안점을 감정, 특히 심오한 감정을 불러일으키는데 두어야 한다고 말하고, 이러한 효과에 이르는 방법을 간단히 보여줄 것이다. 그러고 나서 그는 화자들의 주장을 수사학의 정해진 양식을 따르고 있는 것처럼 취급할 것이다. 마지막으로 그는 장소와 시간의 표현[125], 때로는 동작의 묘사, 그리고 열띤 대화(대구를 이루고, 각 행마다, 또는 반 마디씩 전개되는)를 다루어야 한다. 희극의 경우, 교사는 무엇보다도 적합함[126]과 실생활 묘사에 충실하고, 감정을 적절히 억누르고 있는지를 눈여겨보아야 한다. 다시 말해 감정을 분출하기보다는 관심을 끌어야 한다는 뜻이다. 그는

123 퀸틸리아누스, 6.3.1이하. 키케로, 『웅변가론』, 2.217이하. 키케로, 『의무론』, 1.103–104. 에라스무스, 『문체론』, CWE, 24 654:16이하.

124 퀸틸리아누스, 8.5.11. 에라스무스, 『문체론』, CWE, 24 629:6이하.

125 에라스무스, 『문체론』, CWE, 24 587:13–589:4.

126 에라스무스는 옷차림과 말이 적절한지에 각별히 주의를 기울인다(『어린이예절서』 여러 곳, 톰슨의 『에라스무스 대화집』 210–216, 445–446, 『전도서』 LB V 966F–7A). 그러나 그는 적합함의 문제를 자세히 다루지는 않는다. 보다 자세한 설명은 키케로의 『의무론』 1.93–101을 참조하라. 키케로는 "적합함"을 "적절함"과 "어울림"으로 정의하면서 그것이 곧 도덕적으로 올바른 것이라고 말한다. "적절한 것은 도덕적으로 선한 것이며, 도덕적으로 선한 것은 적절한 것이다"(1.94).

먼저 보편적인 수준에서 '적합함'을 일러주어야 한다. 이를테면 젊은이가 사랑에 빠지는 것이, 포주가 위증을 하는 것이, 매춘부가 유혹을 하는 것이, 어른이 호통을 치는 것이, 노예가 속임수를 쓰는 것이, 군인이 자랑을 하는 것이 적합한 것이다. 그러나 그는 시인이 고안한 서로 다른 인물들의 특별한 '적합함'에도 주의를 기울여야 한다. 예를 들어 『안드로스의 여인』에서 테렌티우스는 기질이 완전히 다른 두 명의 노인을 등장시킨다. 시모는 직설적이고 다소 과민한 성격이지만, 멍청하거나 부정직한 사람은 아니다. 반면에 크레메스는 예의바르고 침착하며, 언제나 자제하며 다름을 조정하는 온화한 사람이지만, 뼈 없이 좋지만은 않다. 동시에 테렌티우스는 성품이 서로 다른 두 명의 젊은이를 등장시킨다. 팜필루스는 나이에 비해 지혜롭고, 매우 두름성이 있지만, 다소 무딘 게 아버지 시모를 빼닮았다. 그에 비해 카리누스는 유치하고, 서툴고, 수완이 없다. 이와 함께 테렌티우스는 성격이 상반되는 두 명의 노예도 등장시킨다. 다부스는 술책이 뛰어나고 능청맞은 낙관론자이다. 그러나 비리아는 그와 정반대의 사람이다. 적극성이 부족한 비관론자로서 주인의 근심만 더한다. 『형제』에서도 마찬가지이다. 미키오는 상냥하고 야단칠 때도 쾌활한 사람이다. 반면에 데메아의 다정함은 시금털털한 맛을 낸다. 아에스키누스는 도시에서 미키오의 신뢰를 받으며 자라서인지 거침없이 행동하는 것처럼 보여도, 혈육에 대한 의무나 사랑하는 사람에 대한 신의

에 있어서는 인간의 품격을 보여준다. 한편 쿠테시포는 그러한 경험이 없어서인지 다소 천박하고 소심하게 행동한다. 시루스는 약삭빠르고 겁이 없어 참과 거짓을 교란시킨다. 다만 술에 취하면 그의 간교함이 드러난다. 반면에 드로모[127]는 느리고 둔하다. 이 정도면 충분히 예를 들었다고 생각한다. 여기서 나는 대강 그 방법을 일러줄 뿐이다. 『전원시』[128]에서 교사는 학생들에게 작품의 배경이 황금시대라는 점을 상기시켜야 한다. 전설적인 고대의 생활 방식을 묘사하고 있다는 것이다. 이러한 맥락에서 그는 결과적으로 전원생활을 모든 경구, 직유, 비유의 원천으로 꼽아야 한다. 인물들의 감정은 단순하다. 그들은 노래와 경구와 속담에 즐거워하고, 징후와 전조에 민감하다. 이와 마찬가지로 교사는 학생들에게 다른 문학 장르(이를 테면 서사시, 역사서, 대화집, 우화, 풍자극, 송가 등)의 특징도 주의 깊게 알려주어야 한다. 그러고 나서 그는 특정

127 에라스무스의 기억이 틀렸다. 드로모는 시루스가 언급(376줄)한 노예로서 극중 인물이 아니다. 극에 등장하는 유일한 노예(시루스)에 대한 성격 묘사 역시 맞지 않는다.

128 테오크리투스와 베르길리우스의 목가가 르네상스 시대의 전원시와 목가 개념에 미친 영향은 다음의 문헌들을 참조하라. 쿠르티우스, 『유럽 문학과 라틴 중세』(트라스크 옮김)(뉴욕, 1953), 10장 183-202. 그란트, 『신-라틴 문학과 목가』(채플 힐, 1965). 로젠마이어, 『그린 캐비넷: 테오크리투스와 유럽의 목가적인 서정시』(버클리, 1969). 니콜스, 「16세기 신-라틴 목가론의 발전」, 『후마니스티카 로바니엔시아』 18(1969), 95-114.

저자의 특정 구절에서의 잘잘못을 일러주어야 할 것이다. 이를 통해 아이들은 어려서부터 가장 중요한 자질인 판단력을 기를 수 있을 것이다. 이 문제에 있어서 교사는 자신의 전문성과 타고난 기지에만 의존하지 말고, 키케로의 『저명한 변론가에 대해서』[129]를 필두로 하여 퀸틸리아누스, 세네카[130], 안토니오 캄파노[131]의 문학 비평에서 도움을 얻어야 할 것이다. 이때 고대의 주석가들도 빼먹지 말아야 한다. 특히 도나투스[132]가 그러하다.

이와 관련해 문학적 형식 뒤에 숨어 있는 가설도 살펴보면 좋다. 예를 들어, 왜 키케로[133]는 두려움을 가장해 밀로를 변호하였는가? 베르길리우스[134]가 투르누스(아이네이스의 적)를 찬양한 이면

129 『브루투스』를 말한다. 키케로가 저술한 유명한 수사학자들에 대한 논고이다. 로마 수사학의 역사와 그에 대한 키케로의 생각은 더글라스 판 『브루투스』(옥스퍼드, 1966) 서문을 참조하라.

130 노 세네카. 『논쟁연습서』와 『설득법』을 편찬하였다.

131 안토니오 캄파노(1429−1477). 교황 피우스 2세의 친구로서 코트로네와 테라모의 주교를 역임하였다. 그는 플루타르코스와 이솝의 작품들을 번역하였고 사랑에 대한 시를 남겼다. 에라스무스는 그를 "타고나기를 익살과 재기가 넘치는 사람"으로 부른다(에라스무스 편지 61: 153−154). 멩켄이 편집한 『안토니오 캄파노의 편지와 시』(라이프치히, 1707)와 베르나르도의 『안토니오 캄파노』(로마, 1975)를 참조하라.

132 앞의 주, 24.

133 키케로, 『밀로를 위하여』, 1.1.

134 베르길리우스, 『아이네이스』, 7−12.

에 감추어져 있는 것은 무엇인가? 루키아누스[135]의 경우, 왜 의절한 의사는 계모를 욕하기보다 칭찬하고 자신의 아버지에게 보다 적대적인 모습을 보이는가? 그런데 이렇게 하다보면 학습의 범위와 양이 늘어나서 공부하기 힘들다는 불평이 나올 수밖에 없다. 내 답변은, 학식이 뛰어나고 경험이 풍부한 교사에게 배우라는 것이다. 그로부터 소년들은 필요한 지식을 보다 쉽게 얻을 수 있을 것이다. 물론 내가 제안하는 학습 프로그램이 처음에는 다소 힘에 부칠 수 있다. 그러나 지식이 쌓이고 연습이 더해지면 학습 부담도 차츰 줄어들 것이다. 내가 잘못 생각하는 것이 아니라면, 다음과 같이 공부하는 것이 최선이다. 비록 모든 것을 언제나 완벽하게 전달할 수는 없지만, 교사는 학생들의 마음을 처음부터 가장 좋을 것들로 길들이면서 그곳에 무료함이 자리 잡지 못하도록 해야 한다. 한편 교사는 중요하다 싶은 것이 나오면 그것을 몇 번이고 반복해서 가르쳐야 한다. 교사는 또한 어떤 것을 전달하는 것 못지않게 그것을 제대로 학생들의 마음에 심어주었는지도 꼼꼼

135 루키아누스의 『의절』에는 가족과 연을 끊은 아들이 등장한다. 그는 의술을 공부하여 그의 아버지의 병을 고치고 다시 가족의 일원이 된다. 나중에 그의 계모가 병에 걸리자 그는 그녀의 치료를 거부하고 다시 가족과 절연한다(에라스무스의 본문에서의 언급이 역설적인 것인지는 확실하지 않다). 1506년 에라스무스는 루키아누스의 『의절』을 번역하였다. ASD I-1 398-409.

히 점검해야 한다. 이것은 교사[136]에게 참으로 귀찮고 힘든 일이지만, 학생들에게는 매우 유익한 일이다. 교사는 단순히 수업의 전체 개요만 짚고 넘어가지 말고, 꼭 알아야만 하는 중요한 논점들을 확인해야 한다. 학생들은 그들 스스로 그러한 것들을 정확히 재현하는 능력을 키워야 한다. 중간에 힘들고 어렵다고 그만두지 말고 심지어 한 달이 걸려도 끝까지 해야 한다. 나는 새로운 단어가 나오면 무조건 종이에 옮겨 적는 아이들의 행태가 옳지 못하다고 생각한다. 왜냐하면 그러한 행동을 통해 기억력은 오히려 감퇴하기 때문이다. 물론 어떤 것에 관해 몇 자 짧게 적어두는 것은 괜찮다. 그러나 기억력이 뛰어나다면 굳이 글자에 의존할 필요가 없다.

마지막으로 교사가 성실하고 박식해야 한다는 단서가 붙기는 해도, 나는 다음과 같이 약속[137]할 만큼 올바른 교육방법이 중요하다고 생각한다. 아이들은 지적으로 아주 떨어지는 경우가 아니라면 내가 제안한 방법을 통해 우리의 악명 높은 교사들 밑에서 어

136 학식과 인성을 겸비한 교사의 중요성에 대해서는 에라스무스 편지 56을 참조하라. 에라스무스는 그의 『대화집』에서 이러한 이상에 미치지 못하는 학교교사들에 관해 말한다(톰슨, 『에라스무스 대화집』, 22-24, 44-45).

137 이에 대한 콜레트의 견해는 에라스무스 편지 230:10-16을 참조하라.

눌하게 말을 익히는 것보다 훨씬 쉽고 빠르게 고전어를 배울 수 있을 것이다. 무릇 기초를 탄탄히 다진 아이는 자신[138]있게 보다 높은 단계로 넘어갈 수 있는 것이다. 그 아이는 장차 어떤 일에 종사하든지 간에 그가 어려서부터 훌륭한 교사들로부터 올바르게 교육을 받았음을 스스로 증명할 것이다. 친애하는 피에르, 나는 지금 당신에게 공부하는 방법에 관해 말하고 있다. 마음에 들면 그대로 따르면 되고, 그렇지 않으면 최소한 내가 소중한 벗을 위해 애쓴 노고라도 헤아려주기 바란다. 기왕에 시작했다면 옹골차게 밀고나가라. 학문의 대의를 따르라. 당신의 조국 프랑스를 다른 영역들만큼이나 학문의 세계에서도 빛나게 하라. 그럼, 안녕히.

138 "좋은 징조"라는 의미. 에라스무스, 『격언집』, I i 75.

부록

에라스무스의 편지

#54
크리스티안 노르트호프에게
파리(1497?년 봄)

1496년 9월 파리로 돌아온 에라스무스는 더 이상 가정교사 노릇을 하면서 돈을 벌지 않고, 1497년 1월부터 오직 신학 연구에만 몰두하고자 했다. 그러나 현실은 녹록치 않아 그는 봄이 되자 다시 가르치는 일을 하면서 생계를 꾸렸다. 이 시절 그의 학생들로는 뤼벡의 두 형제인 크리스티안 노르트호프와 하인리히 노르트호프가 있었다. 이들 형제는 카미나드로 불리는 오귀스탱 뱅상과 함께 살면서 공부하고 있었다. 크리스티안은 얼마 지나지 않아 뤼벡으로 돌아가 상인이 되었다. 그러나 하인리히는 1498년까지 파리에 머물렀다. 에라스무스는 라틴어 문체의 전형을 보여주기 위하여 학생들에게 직접 편지를 썼고, 그들의 예의 바른 대화를 돕기 위하여 『올바른 대화법』을 저술하였다.

에라스무스가 오귀스탱의 도움으로 장식체 편지를 보낸 크리스티안에게

당신의 건강을 축원하며 안부 인사를 전한다. 정말이지 나는 당신에게서 그러한 우아함을, 아니 솔직히 말해 그러한 능변은 기대하지 못했다. 기껏해야 우아함을 바랐을 뿐이다. 이러한 이유에서 당신의 편지는 내게 커다란 기쁨을 주었다. 당신이 지금처럼만 공부한다면 머지않아 당신 교사에 버금가는 실력을 갖출 것이다. 그럼에도 나는 당신에게 믿을만한 웅변술의 안내를 받아 당신 문체가 두루뭉술하고 모순에 빠지지 않도록 조심하고, 나아가 당신에게 적합한 웅변술을 선택하라고 충고하고 싶다. 추측컨대 당신에게는 키케로보다 티몬[1]이 잘 어울릴 것 같다. 반면에 나는 키케로가 좋다. 당연히 아티카의 웅변술이 최고이다. 아시아식의 웅변술은 당신에게 전혀 어울리지 않는다. 로도스인의 웅변술도 따라할 것이 못 된다. 당신의 글은 이것저것 잘 섞어 놓은 카르타고[2]나 알로브로게스[3]의 웅변술을 연상시킨다. 마치 아라비아와

---

1 티로의 오기. 티로는 키케로의 자유민이자 비서였다.

2 카르타고의 학교들은 고대에 명성이 자자했다.

3 웃자고 지어낸 것. 알로브로게스는 갈리아 남부의 호전적인 부족이었다.

에스파냐의 웅변술을 "칼레스의 포도주"라고 속인 "두꺼비의 피"[4]와 절묘하게 섞어 놓은 것 같다. 하지만 속담[5]도 있다시피 당신 곁에 미네르바가 있는데 내가 당신을 가르치겠다고 나서면 우스워진다. 물론 그는 더할 나위 없이 친절한 사람인지라 내가 그의 수확물[6]에 종종 낫질을 하여도 크게 개의치 않을 것이다. 나는 다른 사람의 자료를 가져다 당신 말로 치장하는 그런 종류의 학습에 거부감이 없다. 꽤 괜찮은 웅변가였던 크라수스[7]도 종종 이런 식으로 행동했다. 그러나 그는 고대의 자료를 사용했다. 나는 호라티우스의 까마귀[8]를 만났는데, 당신에게 귀감이 될 자는 아닌 것 같다. 그보다 당신은 가급적 당신의 교사를 닮기 위해 노력해야 할 것이다.

당신은 내게 우정을 말하지만, 새롭지는 않다. 진작부터 나는 알고 있었다. 친애하는 크리스티안, 우리의 경쟁심 때문에 속을 태우지 마라. 내가 오귀스탱을 붙잡아 두지 않으면(그에게는 익숙하지 않은 일이지만) 당신은 너무 높이 날아오를지도 모른다. 당신과

4 유베날리스(1.69–70)는 칼레스 포도주에 두꺼비(고대 주석에 따르면 "두꺼비의 피")를 넣어 남편을 독살한 여인에 대해 말한다.

5 에라스무스, 『격언집』, I i 40.

6 에라스무스, 『격언집』, I iv 41.

7 키케로, 『웅변가론』, 1.154, 5.

8 호라티우스, 『서간집』, 1.3.19. 공작의 깃털로 치장한 까마귀에 견준다.

당신의 다이달로스[9]에게 안부를 전한다.

1498년 파리에서

9 새의 깃털을 모아 실로 묶고 밀랍으로 이어 붙어 날개를 만든 다이달로스를 말한다. 그의 아들 이카루스는 아버지가 만들어준 날개를 달고 태양에 너무 가깝게 날아간 나머지 밀랍이 녹아 바다로 떨어지고 말았다(에라스무스, 『격언집』, III i 65). 에라스무스는 다른 사람이 만들어준 날개를 가지고 너무 높이 날아오르는 일의 위험성을 경고하고 있는 것처럼 보인다.

#56
크리스티안 노르트호프에게
파리(1497년 봄)

이 편지는 드뢰 출신의 제르바시우스 아메누스가 1513-1514년에 파리에서 출간한 『소책자』에 처음 등장했다. 제르바시우스는 마운트조이 경에게 헌정한 글에서 자신이 이 편지를 "수년 전 당신 서재의 서류 뭉치 가운데서 발견했다"고 말한다. 이 편지는 또한 에라스무스의 『편지쓰기에 대하여』에 실려 있다.

에라스무스가 그의 친구인 뤼벡의 크리스티안에게

친애하는 크리스티안, 당신의 학문에 대한 열정이 누구보다도 대단하기에 당신에게 공부하라고 훈계하는 일은 부질없다. 그보다 나는 당신이 가고 있는 길에 대한 약간의 안내와 이정표가 필요하다고 생각했다. 나의 친구인 당신에게 내가 소년시절부터 걸어오고 있는 길을 보여주는 것은 당연하다. 당신이 지금부터 내가 설명하는 내용들을 주의 깊게 듣는다면, 나는 괜한 말을 했다고 후회하지 않을 것이며, 당신은 그런 충고를 들어서 손해 볼 일이 없을 것이다.

당신이 첫 번째로 할 일은 주변에서 가장 학식 있는 교사를 구하는 것이다. 왜냐하면 학식이 모자란 자가 다른 사람을 박식하게 만들 수는 없기 때문이다. 일단 학식이 뛰어난 교사를 찾으면, 다음으로 그가 아버지의 마음으로 당신을 아끼고, 당신 또한 그를 아들의 마음으로 따르는 것이 중요하다. 이러한 관계는 서로 경애하는 마음에서 싹트기 마련이다. 우리는 생명을 빚진 부모만큼이나 올바른 삶을 알려준 사람에게도 고마움과 애착을 느낀다. 교사와의 관계는 당신 학습에도 매우 중요하다. 교사와 가깝게 지내지 못한다면 박식한 자를 집안에 들인들 아무 소용이 없다. 두 번째로, 당신은 교사의 가르침에 주의를 기울이고 꾸준히 공부해야 한다. 한 번에 몰아서 하는 공부가 학생들의 재능을 사장시킬 위험이 있다면, 매일 조금씩 하는 공부는 효과가 지속적으로 나타나고 당신이 생각하는 것 이상으로 커다란 결과를 낳는다. 인간만사 지나치면 해롭다. 공부도 마찬가지이다. 따라서 당신은 가끔씩 공부의 노고에서 벗어나 여가활동을 즐겨야 한다. 그러나 기분 전환을 위한 활동도 학자에게 적합한 것이어야 한다.

물론 가장 좋은 것은 공부 자체에서 즐거움을 찾는 일이다. 그리하여 우리가 학습을 고역이 아닌 놀이로 여기는 것이다. 어떤 활동이든 오랫동안 할 수 있으려면, 참여자가 그 활동에서 즐거움을 느낄 수 있어야 한다.

우선 당신은 가장 훌륭한 지식을 습득해야 한다. 지체 없이 그렇게 해야만 한다. 처음 배울 때 잘못 배워서 나중에 그것을 다시 배워야 한다면 어리석은 일이다. 의사가 몸에 적용하는 규칙을 당신 마음에도 적용하라. 몸과 마음에 모두 좋지 못한 유해한 음식이나 과식으로 인하여 당신 머리를 흐트러뜨리지 마라. 에버하르트와 『카톨리콘』[10], 『신학서설』[11]과 같은 것들(이런 부류의 것들은 헤아릴 수 없이 많을뿐더러, 일일이 그 이름을 거론할 가치도 없다)은 부산하게 굴며 야만적인 것에 흡족해하는 사람들에게나 어울린다. 비록 지식의 많고 적음보다 그것의 질적 우수함이 중요한 문제이지만, 지금부터 나는 지식을 정확하고 쉽게 습득하는 방법에 대하여 설명할 것이다. 어떤 일이든 그것을 정확하고, 빠르고, 쉽게 하는 '방법'이 있기 마련이다. 우선 당신의 하루를 과제별로 쪼개 놓아라. 뛰어난 저술가들인 플리니우스와 교황 피우스[12]도 그렇게 했

10 에라스무스 편지 26:100n이하.

11 보나벤투라. 에라스무스 편지 35:89n.

12 피우스 2세(에네아 실비오 피콜로미니). 당대 최고의 인문주의자이자 교황.

다. 다른 무엇보다도 교사의 설명을 집중해서 열심히 들어라. 때로는 교사의 담론을 뒤쫓지만 말고 그의 생각을 미뤄 짐작해 보아라. 교사가 말한 것은 전부 기억하고, 가장 중요한 것들은 적어두어라. 말은 글로 옮겨 놓아야만 사라지지 않는다. 한편 교사에게만 너무 의존하지 마라. 세네카의 편지[13]에 등장하는 부유한 멍청이처럼 하인들이 기억하고 있는 것을 마치 자기가 기억하고 있는 것 인양 착각해서는 안 된다. 당신 마음에 학식이라곤 눈곱만큼도 없으면서 서재만 훌륭한 책들로 꾸미지 마라. 당신이 들었던 것을 마음에 붙잡아두고 싶다면, 그것을 집에서 혼자 또는 타인과 머리를 맞대고 다시 점검해야 한다. 나아가 당신 시간의 일부를 고요한 명상에 할애해야 한다. 성 아우구스티누스에 따르자면, 이것은 지성과 기억력을 돕는 가장 중요한 방법이다. 그밖에도 레슬링처럼 경쟁하는 마음을 통해 인간 이성의 힘줄이 효과적으로 드러나고, 자극을 받고, 강화된다. 부끄러워하지 말고 궁금하면 묻고 잘못은 바로 고쳐라. 밤에 공부하지 말고, 공부하기 힘든 시기와 계절은 피하라. 마음의 빛은 사라지고, 건강만 축난다. 여명은 뮤즈의 벗이다. 동이 트는 새벽녘이 공부하기 가장 좋은 때다. 점심을 먹고 나서는 오락이나 산책을 하고 담소를 나누는

---

13 세네카, 『도덕서간』, 27.5-7.

것이 좋다. 이런 여가 활동 틈틈이도 배울 게 지천이다. 음식은 건강에 좋은 정도만 섭취하라. 먹고 싶은 대로 마음껏 먹어서는 안 된다. 식사 시간 전후로 짧게 산책을 나가라. 잠자리에 들기 전에 외워두면 좋은 것을 읽고, 그것에 대해 생각하면서 잠이 들어라. 그러다가 잠에서 깨면 그것을 다시 머릿속에 떠올려라. 항상 플리니우스[14]의 다음 격언을 명심하라. 공부에 쓰지 않은 시간은 허망하게 보낸 것이다. 젊음의 시간은 덧없이 빨리 지나가며, 지나간 세월은 다시 돌아오지 않는다.

내 말이 길어지다 보니 길잡이 역할만 하겠다던 약속에서 벗어나 어느새 이것저것 충고를 하고 있다. 친애하는 크리스티안, 내가 말한 방법을 실천에 옮겨라. 물론 당신이 더 좋은 방법을 찾아낸다면 그것을 따라도 좋다. 그럼, 안녕히.

1499년 파리에서

---

14 노 플리니우스. 플리니우스의 『서간집』 3.5.16을 참조하라.

#58
토마스 그레이에게
파리(1497년 7월)

1497년 봄에 에라스무스는 가정교사 일을 하고 있었다. 그는 노르트호프 집안의 형제들 말고도 두 명의 젊은 영국 신사들인 토마스 그레이와 로버트 피셔를 가르쳤다. 영국 학생들은 보호자의 감독 하에 에라스무스와 한 집에 살고 있었다. 얼마 후에 이들의 보호자는 에라스무스와 그레이의 우정을 시기하여 에라스무스를 집에서 내쫓았다. 에라스무스는 오귀스탱 뱅상의 집으로 거처를 옮긴 뒤에도 그레이와 편지를 주고받으며 그의 공부에 지속적으로 관여하였다. 이 나이든 보호자에 대한 악의적인 묘사는 에라스무스의 불쾌한 감정을 누그러뜨리는 효과 말고도, 인문주의 수사학의 흔한 형태인 독설의 전형을 보여주는 것이었다. 에라스무스는 그레이와 평생 돈독한 관계를 유지하였다. 이 젊은이는 영국의 좋은 집안 출신이었지만, 가문의 계보는 정확하지 않다.

에라스무스가 젊은이의 필체로 토마스 그레이에게

이미 오래 전에 펜을 들었어야 했다. 운명의 여신이 우리의 우정에 눈살을 찌푸렸어도, 당신을 향한 내 애정까지 빼앗지는 못했다. 아니, 앞으로도 그런 일은 일어나지 않을 것이다. 돌이켜 보면, 일찍이 당신에 대한 우정으로 마음이 요동칠 때 바로 편지를 보냈어야 했다. 당신 마음도 별반 다르지 않기에 분명 내 소식을 기다렸을 것이다. 그러나 그때 나는 아직 아물지 않는 마음의 생채기가 덧날까 두려웠다. 마음의 상처는 쉽게 치유할 수 있는 것이 아니어서 나는 지금도 그때만 생각하면 다시 출혈이 있는 것 같다. 나는 너무 속상해서 눈물이 멈추지 않는다. 물론 나는 그러한 상처가 진작 아물었기를 바랐다. 배은망덕함이야말로 가장 견디기 힘든 나쁜 짓이다. 내가 레테[15]의 강물을 한껏 들이켜 나에게 못된 짓을 했던 늙은 불한당과 그에 대한 나의 헌신을 모조리 마음에서 지워낼 수 있으면 좋을 텐데! 그 영감탱이를 생각하면 화가 치미는 것은 말할 것도 없고, 인간의 마음이 그렇게도

15 저승을 흐르는 망각의 강.

악의적이고, 질투를 하고, 믿기 힘들고, 음흉할 수 있는지 스스로 놀랄 뿐이다. 그놈의 악랄한 성격을 생각하면, 인간의 품성을 명민하고 호소력 있게 묘사하는데 일가견이 있는 시인들도 미처 이런 고약한 측면까지는 알고 있지 못했거나 적절한 단어를 생각해내지 못했던 것 같다. 그런 시인들이 배신을 일삼는 포주, 허영뿐인 떠버리 군인, 화를 잘 내는 노인네와 같은 사람을 보여준 적이 있는가? 아니면, 시큰둥하고 샘은 많으면서 고마움은 모르는 괴물에다 스스로는 양심적이고 자신의 온갖 악행은 갖은 미사어구로 치장하는 이러한 늙수그레한 협잡꾼 부류를 만들어낸 적이 있는가?

당신은 내게 너무 괴로워하지 말라고 당부할 것이다. 친애하는 토마스, 사실 나는 이러한 부당한 대우를 당하며 최대한 마음을 자제하고 있다. 그러나 누구든 예기치 않은 곳에서 갑자기 불쾌한 일을 겪으면 기분이 상할 수밖에 없다. 더군다나 내가 머리가 허연(외모에 드러나듯), 귀족 출신의(그가 자랑해 마지않던), 신앙심이 두터운(그런 식으로 행세하여) 사람에게서 그러한 이상한 소박을 당했다는 것이, 결국 그를 향한 나의 친절과 도움과 우애가 모두 버림받았다는 것이 상상이나 할 수 있는 일이었겠는가? 내가 생각할 수 있는 가장 배은망덕한 일은 친절을 친절로 답하지 않는 것이었다. 나도 친절을 베풀기보다는 다소 까칠하게 구는 것이 더 안전한 그런 종류의 사람이 있다는 것쯤은 책을 통해 알고 있었다. 그러나 그런 사람을 실제로 겪어보니 비로소 나쁜 사람을 착하게 대하는 것이 착한 사람을 나쁘게 대하는 것보다 훨씬 더 위험한 일이었음을 깨달았다. 이 고마움을 모르는 무뢰한은 내게 너무 많은 은혜를 입는 것이 두려운 나머지 학업 중단이라는 패악을 저지르면서까지 나를 몰아내고 싶어 안달이 났다. 그러나 자신의 사악한 음모가 실패했음을 직감하고는, 독기서린 말투로 온갖 화풀이를 해댔다. 내가 이제껏 잘 살 수 있는 것도 모두 학문의 덕이다. 학문은 내게 운명의 소용돌이에 굴하지 않는 법을 일러주었다. 그 천성이 못된 영감탱이는 내가 생각만큼 해를 입지 않은 것이 몹시 못마땅했다. 내 면전에서 마음에 상처를 주는 욕지거리를 하는 것은 그런 악당에게 일도 아니었다. 한편 내가 그와 거리를 두면, 그는 멀리서 내게 위해를 획책하고, 나에 대한 증오로 말미암아 내가 소중히 여기는 당신에게 분풀이를 했다. 다시 말하지만, 그는 누구보다도 인간들 사이에서 가장 효과를 발휘하는 술수를 이용하여 자신의 분노를 터뜨렸다. 이른바 중상모략의 방법이다. 이는 케르베로스의 침액보다 치명적인 뱀독에 비견된다. 이런 괴물이 대명천지에 숨을 쉬고, 아니 공기를 더럽히며 살아가고 있다니 소름이 돋는다. 그리고 우리 모두의 삶의 터전인 지구가 이런 몰염치한 놈의 무게까지 지탱해야 한다고 생각하니 개탄스럽다. 지금까지 그 어떤 위대한 시인도 이런 망나니 자식보다 지독하고, 치명적이고, 메스꺼운 재앙 덩어리를 세상에 내보인 적은 없었다. 케르베로스, 스핑크스, 키마이라, 복수의 여신, 말썽쟁이 요정까지 최근 고트족의 땅에서 뿜어져 나온 이런 염병할 녀석을 당할 자가 누구인가? 전갈, 독사, 전설의 바실리스크까지 어느 누가 그놈을 능가하는 해로운 독을 머금고 있는가? 일반적으로 독이 있는 뱀도 건들지 않으면 물지 않고, 사자도 도움을 주면 고마워하며, 용도 친절하게 대하면 고분고분한데, 이 노인네는 내 도움을 크게 받는 입장에서 오히려 몹시 화를 냈다.

그의 유해한 기질에 대해서는 이쯤하자. 이제 그의 겉모습을 살펴보자. 그의 위협적인 표정과 몸가짐만 조금 자세히 뜯어보아도 온갖 부당한 모습이 드러날 것이다. 추한 영혼에 걸맞게 몸뚱이를 재단한 자연의 지혜에 그저 감탄할 따름이다. 텁수룩한 눈썹 아래에 도사리고 있는 뭔가를 감추고 있는 듯한 눈은 항상 당신을 쏘아본다. 그의 이마는 돌덩이처럼 단단하다. 두 뺨에서조차 조신한 홍조 띤 모습은 찾아볼 수 없다. 그의 콧구멍은 꺼칠꺼칠한 털이 빽빽하게 들어서 숨이 막힐 지경이다. 그의 호흡은 코에 난 용정으로 인해 킁킁거린다. 그의 목살은 축 쳐졌다. 그의 입술에 핏기란 하나도 없다. 그에게 자제력 따위는 아예 없기에 그의 목소리는 자연스럽게 나오기보다는 갑작스럽게 튀어나오기 마련이고, 그러다보니 그는 마치 개가 짖는 것처럼 말한다. 그의 목은 비뚜름하고, 다리는 바깥쪽으로 휘었는데, 정말로 그의 생김새 어느 한 구석 자연이 오점을 남겨놓지 않은 데가 없다. 마치 우리가 범죄자와 악인에 낙인을 찍고, 맹견은 목에 방울[16]을 달며, 사나운 황소는 뿔에 짚을 묶어 놓는 것과 같다. 내가 이런 끔찍한 괴물과 학문을 논한다고 세월과 재능과 노력을 낭비했으니 참으로 어처구니없다! 그것들을 영영 잃어버렸다는 슬픔보다 지금 내 안에 용의 이빨이 자라 내 자신을 파괴하고 있다는 느낌이 들어 억장이 무너진다. 친절이 헛된 일이었다는 생각보다 더 나쁜 것은 친구처럼 지낸 일로 철천지원수가 되었다는 것이다. 그 독재자는 내 도움을 이용만 했지, 그것에 화답할 능력도 의지도 없었기에 그의 주특기인 악행만을 일삼으며 나(내게 은혜를 지는 것이 싫은 나머지)와 어린 당신(꼴사납게도 이 나이 오십 먹은 소년의 질투심이 발동하여)을 모두 파멸시키는 새로운 방법을 찾는데 혈안이 되었다. 이것이 틈만 나면 타인의 시선은 아랑곳하지 않고 자랑만 하던 혈통의 고귀함인가? 이것이 그리도 치켜세우기 좋아하던 가문의 내역인가? 이것이 뼈대 있는 집안의 정신인가? 과연 그를 베르길리우스[17]의 묘사 이상으로 인간의 골육을 물려받는 자로 생각할 사람이 있겠는가?

16 아비아누스, 『우화집』, 7.8.

17 베르길리우스, 『아이네이스』, 4.366, 367.

당신은 돌들이 널브러져 있는 카프카스에서 태어났고,
히르카니아 호랑이의 젖을 먹고 자랐단 말인가?

일말의 부끄러움도 없는 이 늙은이는 오히려 당신과 내가 자기로부터 받은 은혜도 모르는 배은망덕한 사람들이라고 공공연히 떠들고 다닌다. 주변에 내가 베푼 친절을 증언해 줄 수 있는 사람들이 많이 있고 자기가 내게 나쁜 짓을 저질렀다는 죄책감도 느낄만한데 그는 전혀 아랑곳하지 않는다. 이런 식으로 행동하면서도 그는 버젓이 사람들 사이를 활보할 만큼 뻔뻔하다. 그는 티몬[18]처럼 인간 사회에서 완전히 격리하고, 세상 끝으로 끌고 가서 짐승들과 한데 뒤섞어 놓아야 얌전해질 것이다.

이쯤에서 내 슬픔도 그만 접어야 한다. 그가 언젠가 자신의 나쁜 행실에 대하여 꼭 응분의 대가를 치러야 할 것이라고 생각하니 마음이 한결 가볍다. 그런데 어찌된 노릇인지 그는 금방 중형에 처해져 내게 저지른 잘못을 바로 속죄할 기세이다. 이렇게 말하면, 당신은 "그는 영락없이 행복한 모습인데 도대체 무슨 중벌을 받고 있느냐?"고 되물을 것이다. 그럴 만도 하다. 그러나 한심할 정도로 멍청하고 악의적인 모습 그대로가 세상에 더없는 벌

18 반전설적인 인간 혐오자. 셰익스피어의 비극 『아테네의 티몬』.

칙이라는 생각은 들지 않는가? 질투에 사로잡힌 마음보다 가혹한 징벌이 있을까? 왜냐하면 시기심은 스스로 형을 집행하고, 어느 시인의 말처럼 스스로 벌을 받는다. 그리하여 경구로 유명한 어느 작가는 샘이 나서 심사가 뒤틀린 녀석(우리의 노인네처럼)을 보고는 다음과 같이 재치 있는 말로 그의 사악한 죄를 나무랐다. "당신은 주변 사람 모두를 부러워하되, 세상 어느 누구도 당신을 부러워하지는 않을 것이다."[19]

나로 말하자면, 그 노인네에 따로 치명적인 위해를 가하고 싶지는 않다. 물론 그는 그러한, 아니 그보다 더한 운명에 처해져야 마땅하다. 다만 그는 이미 오래 전부터 그런 벌을 받고 있는 것이 틀림없다. 자기가 저지른 일의 과보를 자기가 받는다는 플라우투스[20]의 말이 옳다면, 그에게는 모든 사람을 시샘하는 가여운 형벌이 내려진 것이다. 그는 공부에 전념하고 있던 당신을 칭찬하기보다 시기한 나머지 몸져눕고 말았다. 그의 인품에서 부러움은커녕 일말의 연민이라도 느낄만한 것이 있는가? 그의 고집스러운 악의마저 불쌍히 여겨야 하는가? 이제 나는 당신에게 죄를 지은 사람이 모면할 수 없는 또 하나의 징벌에 대해 말하고자 한다. 나쁜

19 마르티알리스, 1.40.2.

20 플라우투스, 『포에눌루스』, 1270.

짓을 저지르면 죄책감에 마음이 얼마나 편치 않겠는가? 소리가 나지 않는 채찍으로 맞고, 공포심에 어쩔 줄 모르고, 들들 볶여 생채기가 나는 모습이 보이지 않는가?

그런 사람들에게는 훨씬 가혹한 벌이 내려지는데
지옥의 심판자와 포악한 카이디키우스도 무색할 정도이다.[21]

결백한 사람은 자신의 심판대에서 무죄로 풀려난다는 것이 이 현명한 저자의 생각이었다. 이렇듯 시인들은 한껏 재능을 발휘하여 구천에서 행해지는 만고불역의 고행을 그려내었다. 그러므로 복수가 병든 마음을 치유하기 위함이라면, 나는 이미 그런 마음의 슬픔에서 헤어난 지 오래이다. 게다가 나는 나쁜 짓 자체를 무시하는 행동이야말로 한결 고귀하고 통 큰 복수라고 생각한다. 왜냐하면 죄를 저지른 사람은 언젠가 반드시 그에 상응하는 벌을 받기 때문이다.

그러나 내 마음속에 한줌의 증오도 남아 있지 않다고 우긴다면 그건 거짓말일 게다. 그저 내가 당한 이루 말할 수 없는 모욕으로 인해 더는 고통스럽지 않다고 말하는 것이다. 물론 당신이

21 유베날리스, 13.196-197.

처한 상황을 떠올리면 억장이 무너진다. 나는 비로소 악당의 소굴에서 벗어났다. 그런데, 아뿔싸, 뒤를 돌아보니 나의 일부분인 소중한 당신이 거기에 남아있는 것이다. 친애하는 토마스, 당신처럼 천성이 훌륭하고, 성향이 얌전하고 부드러우며, 성품이 전도유망한 사람이 짐승 같은 놈의 수발이나 들어서야 되겠는가, 또 당신처럼 타고나기를 학문과 덕과 실무에 소질을 보이는 똑똑한 사람이 노인네 노망이나 뒤치다꺼리 하여서야 되겠는가! 당신의 경우는 최고로 선한 것이 최고로 나쁜 것과 조우한 것이고, 젊음과 재능이 노령과 우매를 만난 격이며, 호의가 악의를, 지극히 교양 있는 인간성이 괴팍하기 이를 데 없는 성질과 맞닥뜨린 것이다. 고대인의 속담을 빌자면, 당신은 "진퇴양난"에 빠진 것이다.[22] 참으로 얄궂은 운명, 야속한 운세, 불길한 천운이지 않은가! 오 앞날이 창창한 젊은이여, 어느 마녀가 어떤 주술로 당신의 고결한 품성에 위해를 가했단 말인가? 이와 관련해 자연이 당신에게 좀 인색했던 것은 아닌가? 왜냐하면 다른 점들에서는 정말이지 최고의 솜씨를 뽐냈기 때문이다. 당신은 타고난 재능에 아름다운 용모하며 세련된 품행까지 흠결 없는 완벽한 작품이다. 혈통과 부귀와 능력 어느 하나 빠지는 구석이 없다. 한 마디로 자연은 당

22 에라스무스, 『격언집』, I v 25.

신을 고대인들이 신의 아들이라 명명했던 그런 사람으로 만들었던 것이다. 그런데 불행한 젊은이여, 당신을 고통의 수렁으로 내몰았던 사악한 기운과 운명은 무엇인가? 당신의 남다른 재능은 미처 꽃을 피우기도 전에 구역질나는 노물의 손에 시들어버리는가? 기름진 땅이 약속한 풍요는 한낱 신기루에 불과한가? 풍부한 광맥은 미래를 난도질당하는가? 애석하게도 노년의 시기어린 악의 가운데 가장 극악무도한 부도덕이다. 여태껏 방탕하기 이를 데 없는 인생을 살아오다가 그들은 자기들보다 젊고 재능이 출중하고 호시절에 있는 당신이 일찌감치 학문의 길을 걷자 샘이 나서 어쩔 줄 모른다. 그들은 "당신의 가슴 속에 흐르는 따뜻한 인정"을 부러워한다.[23] 자신들에게는 납덩어리처럼 딱딱하게 굳은 마음만 있기 때문이다. 그래서 그들은 당신이 학문에 정진하도록 격려하기보다는 앞서 나가지 못하도록 술책을 부린다. 반면에 자기들이 뒤쫓는 것은 부적절한 일 인양 당신 앞에서 대장 노릇을 하느라 애쓴다.

그런데 맙소사, 내가 비탄에 빠져 무슨 짓을 하였는가? 아무래도 내가 당신에게 많이 잘못하고 있는 것 같다. 지금까지 따뜻한 위로로 당신의 고통을 덜어주기는커녕 괜한 불평만 늘어놓아

23 베르길리우스, 『농경가』, 2.484.

당신의 마음을 쓸데없이 어지럽혔다. 이제라도 나는 그만 비통해하고 본래의 냉정함을 되찾아야 한다.

친애하는 토마스, 내가 여럿 가운데 당신을 선택한 것은 당신이야말로 내가 후세에 전하고 싶은 걸작의 재목으로 전혀 손색이 없다고 믿었기 때문이다. 그러나 당신을 내게 주는 것이, 아니면 나를 당신에게 주는 것이 하늘의 부러움을 샀는가? 하늘은 내게 일격을 가했지만, 도리어 당신이 커다란 피해를 입었다. 그럼에도 나는 최선을 다해 내 계획을 밀고 나가련다. 물론 운명의 장난인지 일감은 내 손을 떠났다. 떨어져 있어서 작업이 더디겠지만, 잦은 서신왕래로 부족함을 채울 수 있으리라. 그러니 용기를 잃지 말고 정진하고, 목표치를 향해 계속 나아가며, 스스로 길라잡이처럼 행동하라.

이제야 당신 편지가 눈에 들어온다. 당신에게서 온 편지는 늘 당신만큼이나 반갑고 소중하다. 나는 당신이 구사한 솔직담백한 언어와 옹골찬 의견 개진이 마음에 들었다. 너무나도 훌륭하여 나는 당신이 혼자 힘으로 써 보낸 것인지, 아니면 다른 사람의 도움을 받아 작성한 것인지 궁금할 정도였다. 내 빈자리가 참기 힘들다고 당신은 말한다. 이런 당신에게 나는 슬퍼할 까닭이 없다고 말한다. 만일 당신이 나를 위하는 마음에 대신 슬퍼하는 것이라면, 그럴 필요 없다. 나는 천신만고 끝에 저승에서 빠져나온 사람처럼 홀가분하다. 내 소중한 페이리토오스[24]와 함께 나오지 못해 아쉬울 따름이다. 그러므로 당신의 심경도 나와 같다면, 온갖 난관을 겪으며 마침내 철석같은 사슬을 끊어버린 당신의 에라스무스에게 축하를 건네야 마땅하다. 만일 당신이 내게 가르침을 받지 못하여 속상한 것이라면, 이 또한 지나치게 걱정할 사안이 아니다. 당신은 얼마든지 다른 교사를 구할 수 있기 때문이다. 물론 새로 들인 교사는 고루하기보다는 참신하고, 까탈스럽기보다는 성실하고, 학식 또한 출중해야 한다. 다만 너무 무른 사람은 곤란하다. 새로운 교사[25]가 다소 무뚝뚝한 사람이라 하더라도, 당신은 내가 곁에 없다는 것을 그다지 절감하지는 못하였을 것이다. 왜냐하면 우리가 함께 지낼 때도, 사실 당신은 내게 가르침을 받기는커녕 나와 한 번 마주치기도 무척 힘들었기 때문이다. 리라 소리를 듣는 당나귀[26]가 항상 내 곁을 서성거리는 바람에 그러하였다는 것이 당신에게 과연 가당키나 한 말인가? 마지막으로, 그동안 내 가르침이 필요했다면, 그것은 서신교환을 통해 쉽게 대신할 수 있다. 정말이지 편지로 그 이상의 배움을 쌓아갈 수 있다.

24 돈독한 우정을 의미한다. 그는 테세우스와 평생의 우정을 맺었다. 호라티우스, 『송가』, 3.4.79, 4.7.28.

25 피에르 비트레(에라스무스 편지 66 서문). 그는 1516−1518년에도 여전히 그레이와 소식을 주고받았다(에라스무스 편지 503, 528, 817).

26 에라스무스, 『격언집』, I iv 35.

학업에 소홀하지 않도록 각별히 유념하라. 공부는 뒷전인 채 나만 보고 싶다고 칭얼대서는 안 된다. 내가 기억하기로 당신은 나와 이별할 때 당신 마음에서 모든 학문의 흔적을 지워버릴 것이라고 말했다. 친애하는 토마스, 그때 한번이면 족하다. 더는 내 체면을 생각해 마음에도 없는 소리 하지 마라. 나는 당신이 거짓말을 하고 있다는 것을 안다. 자, 그러니 나에 대한 신실한 의무니 당신의 과오니 하는 것들은 모조리 잊어라. 당신 마음에서 사악한 감정, 노령의 성화, 나에 대한 추억까지 모두 걷어내고 오로지 학문에만 전념하라. 누군가에 대한 증오나 사랑에 사로잡혀 학문의 길을 포기하는 잘못을 범하지 마라. 그 노인네의 말과 태도를 혐오하되, 참고 견딜 줄도 알아야 한다. 당연히 그러한 짓을 흉내 내서는 안 된다. 당신 자신을 기준으로 삼아 당신 집안과 당신 인품과 당신 식견에 걸맞게 행동하라. 당신 곁에는 그 늙은이와는 격이 다른, 당신만큼이나 고귀한 선생이 한 명 있으니 그의 충고를 새겨들어라. 로버트[27]와 싸우지 마라. 그의 우정을 저버리는 일을 해서도 안 된다. 당신이 용케 그런 영감탱이를 미워하지 않게 된다면, 그것은 어디까지나 겸양과 인내의 소산이다. 그렇지만, 그러한 괴물에 대한 애정이 털끝만치라도 남아 있다면, 당신

27 로버트 피셔(에라스무스 편지 62 서문).

은 정말이지 배알도 없는 사람이다. 왜냐하면 마음으로부터 그러하다면, 당신은 참으로 바보이고, 노예근성의 발로라면 아첨꾼에 불과하기 때문이다. 우정을 배신하는 것이 배은망덕한 처사라면, 적을 가슴에 품는 것도 정신 나간 짓이다. 그럼, 안녕히.

#61
하인리히 노르트호프를 대신하여, 크리스티안 노르트호프에게
파리(1497년 8월)

이 무렵 크리스티안 노르트호프는 뤼벡으로 돌아갔고, 에라스무스는 그레이의 보호자와 다툼이 있고 난 뒤에 오귀스탱 뱅상의 집으로 이주하였다. 그곳에서 그는 하인리히를 가르치는 일을 계속했다. 이 편지는 짐작컨대 그의 학생들에게 서간체의 모범을 보이려는 시도였다.

하인리히가 에라스무스의 손을 빌려 그의 동생 크리스티안에게

친애하는 크리스티안, 여기 소식이 무척이나 궁금할 줄로 안다. 나는 꿈을 꾼다. "무슨 꿈이냐고?" 내가 사랑하는 것, 즉 내 삶의 커다란 즐거움인 학문, 그 다음으로 내 영혼의 소중한 일부인 크리스티안에 대한 꿈이다. 내 마음에서 크리스티안을 지웠다고? 가당치도 않은 소리이다.

낮과 밤을 가리지 않고,
당신을 생각하지 않을 때가 없다.[28]

나는 혼자 있을 때면 크리스티안을 생각한다. 친구들과 함께 있으면 크리스티안에 대해 수다를 떨며 즐거워한다. 잠이 들면 크리스티안의 꿈을 꾸고, 식사 자리에서도 크리스티안에 대한 이야기가 끊이지 않는다. 크리스티안은 식탁, 서재, 잠자리 가릴 것 없이 언제나 내 곁에 있다. 아, 크리스티안, 내 삶보다 소중한 형제여, 우리 사이를 광활한 대지와 언덕과 도시와 강물들이 가로막고 있다. 그러나 우리의 몸을 멀찍이 떨어트려 놓아도 우리의 마음까지 빼앗을 수는 없다. 왜냐하면 잠은 종종 함께 있는 사람들을 떼어놓고 멀리 있는 크리스티안을 나와 이어준다. 실제로 영혼은 몸이 잠들면 육신의 사슬에서 슬쩍 빠져나와 재빠르게 먼 길을 날아 사랑하는 사람에게로 가지 않는가? 또, 인간의 마음이란 불로 만들어져 놀랄 만큼 민첩하게 움직이고, 잠든 육체의 팔다

28 오비디우스, 『비가』, 3.3.18.

리 숨구멍을 막고 있는 졸리는 기운을 쉴 새 없이 뚫고 나아가 스스로 형체를 바꾸거나 소용돌이 속에서 각양각색의 모습을 빚어내지 않는가? 또, 시인들이 인간에게 가장 우호적인 왕이자 신이라고 명명한 잠은 오랜 노동으로 지친 인간의 사지와 감각에 망각의 액을 뿌려 그것들이 달콤한 휴식과 자기 몰각을 통해 원기를 회복하도록 돕고 그 후에 지상에 '모양을 빚는 자'로 불리는 모르페우스[29]를 보내 이런 저런 사람들이 누워 있는 방을 자유자재로 들락거리며 서로에게 익숙한 모습을 보여주지 않는가? 또, 이러한 환상이 잠의 쌍둥이 문을 지나 우리에게 나타나는 것도 거대한 느릅나무[30]로부터 아닌가? 이런 시인의 이야기가 전부 거짓이 아니라면, 내가 최근에 꾸었던 달콤한 꿈은 분명 뿔의 문[31]을 지나왔음이 틀림없다. 괜찮다면, 내 꿈의 자초지종을 들려주고 싶다.

8월의 첫째 날, 이루 말 할 수 없을 만큼 화창한 날씨에 우리는 너무나도 기분 좋고 즐겁게 식사를 마치고는 …… 잠깐, "우리

29 꿈의 신.

30 저승에 있는 커다란 느릅나무로서 꿈의 보금자리이다. 베르길리우스, 『아이네이스』, 6.283.

31 참된 꿈은 뿔로 만든 문으로 나오고, 거짓 꿈은 상아로 만든 문으로 나온다. 베르길리우스, 『아이네이스』, 6.893–896.

가 누구고, 몇 명이 참석했냐고?" 우리는 모두 세 명이었다. 지금까지 어디에서도 본 적이 없었던 청아하고 영민한 영혼들로서 우리 둘 모두의 공공연한 친구인 에라스무스, 만인의 친구이지만 특히 크리스티안을 귀하게 여기는 오귀스탱, 그리고 나 이렇게 셋이 모였다. 그렇다고 회합에 크리스티안이 끼어들 자리가 없었던 것은 아니었다. "정말이지 선택받은 사람들만이 한 자리에 모였는데, 모임의 시기도 적절했고, 장소도 잘 골랐으며, 준비도 훌륭했다."[32] 우리가 얼마나 자주 크리스티안의 건강을 위해 잔을 들고, 얼마나 많이 크리스티안의 이름을 부르고, 얼마나 깊이 크리스티안을 그리워했던가! 크리스티안, 오른 쪽 귀가 얼얼하지 않은가? 두 번째 정찬이 끝나고 우리는 밖으로 산책을 나갔다. 그곳은 에라스무스가 우리에게 말한 바로는 그가 일찍이 크리스티안과 한가롭게 거닐며 담소를 나누던 포도밭 사이의 은둔지로서 그는 자신의 수려한 말솜씨를 십분 발휘하여 크리스티안의 마음을 저급한 걱정에서 학문에의 열정으로 단숨에 돌려놓았단다. 크리스티안, 그 장소가 어디인지 기억나는가? 바로 그곳에서 에라스무스는 문학 시연회를 열어 우리를 즐겁게 해 주었는데, 그 우아

32 바로, 『메니포스 풍자』, 335. 아울루스 겔리우스, 『아티카 야화』, 13.11에서 인용.

함이란 화려한 저녁 만찬도 무색할 정도였다. 그는 수많은 고대의 전설을, 너무나도 매력적인 방식으로 들려주어서 나로 말할 것 같으면 마치 천국에 있는 것처럼 느껴졌다. 집에 돌아와서도 우리는 밤늦도록 크리스티안에 대해 이야기를 나누었다. 우리는 매우 늦게 잠자리에 들었고 이례적으로 깊은 잠에 빠졌다. 평소보다 많이 먹고 마신데다 게으른 것으로 정평이 나있는 내가 산책이랍시고 운동도 했기 때문이다. 클라우디아누스[33]의 시구처럼,

대낮의 모든 광경을
고요해지니 잠이 되돌려준다.

그곳에 나는 있었다. 여전히 포도밭 사이를 걸으며 온 길을 되돌아가고 있었다. 그러나 나 혼자뿐이었다. 사실 우리 인생도 마찬가지였다. 순간 크리스티안 생각이 많이 났고, 형제애를 능가하는 우리의 오랜 동료애를 되살리고 싶은 욕망이 생겼다.

나는 크리스티안의 생활과 건강과 안부가 벌써부터 궁금했었다. 왜냐하면 나는 꽤 여러 달 동안이나 크리스티안으로부터 소식을 듣지 못하였기 때문이다. 바로 그때 말쑥한 얼굴에 "미끈한

33 클라우디아누스, 『호노리우스 황제에게 바치는 찬시』, 서문 1–2.

피부"[34]를 가진 크리스티안이 예고도 없이 갑자기 내 앞에 나타나 여유롭게 주변을 걸어 다녔다. 지금 돌이켜보니, 친애하는 크리스티안, 이것이야말로 건강하다는 첫 번째 신호이다. 모르페우스의 솜씨가 너무나도 뛰어나서 그가 재생시킨 형체는 크리스티안을 꼭 빼닮았다. 나를 애정 어린 눈으로 바라보는 크리스티안의 얼굴에는 미소가 흘러넘쳤는데, 이것은 잘 지낸다는 두 번째 신호이다. 당장에 우리는 서로에게 달려가 부둥켜안고는 기쁨의 눈물을 흘렸다. 나는 감격에 겨워 말했다. "지금 내 품에 사랑하는 동생 크리스티안이 있단 말인가? 어떻게 이런 일이? 크리스티안을 내게 보내준 행운의 여신은 누구인가? 내가 직접 목도하고 있지 않은가, 아니면 허깨비의 장난이란 말인가?" 그러자 크리스티안이 대답했다. "오 내 영혼의 반쪽이여, 사랑하는 형이 곁에 없자 나는 그만 기운을 잃고 살아도 살아있는 것이 아니었다." 이에 내가 다시 말했다. "이별의 고통이 나만큼 컸었겠냐만, 어찌됐듯 말이라도 들어보자, 도대체 무슨 바람이 불어 기별도 없이 파리까지 그 먼 길을 단숨에 왔단 말인가? 내 그리움이야 이루 형언할 수 없지만, 이렇게 크리스티안을 갑자기 보게 될 줄은 전혀 예상하지 못했다." 이 말이 끝나기가 무섭게 크리스티안이 다시

34 호라티우스, 『서간집』, 1.4.15.

입을 열었다. “그럼, 말할 테다. 있는 그대로 사실을 고하리다.”

“내가 다시 상인의 본업으로 돌아왔을 때, 나는 일상에 만족하지 못한 채 하인리히의 생활을 부러워하고 학문의 여신을 버리고 속인의 길로 회귀한 내 자신을 책망하기 시작했다. 나는 한낱 재물에 눈이 멀어 신성한 공부를 등한시한 내 자신이 어리석었음을 깨달았다. 그때 나는 에라스무스와의 포도밭 대화가 생각났다. 에라스무스가 장사일의 천박하고 시답잖은 측면을 언급하며 세상에 학문만큼 가치 있는 일이 없다고 말했을 때 나는 정신이 번쩍 들었다. 그는 학식만이 운명도 주었다 뺏었다 할 수 없는 인간의 참된 재산이라고 말했다. 학식은 사용해도 줄지 않고 늘어난다. 닳아 없어지기는커녕 한결 나아진다. 학식은 육체적 힘이나 아름다움과 달리 나이가 들어도 쇠퇴하지 않는다. 학식은 세속적인 훈장과 달리 게으르고 부실한 자가 가질 수 없다. 학식은 덕의 실천을 방해하는 것이 아니라 몸소 실현한다. 에라스무스가 말하길, 학식만이 영혼에 평화와 방랑에 안식을 줄 수 있다. 마지막으로 학식이 없는 자는 인간이라 할 수도 없을 것이다. 그런데 왜 갑자기 에라스무스가 두어 시간 걸려도 끝내지 못했던 논의를 다시 꺼내느냐고? 그것에 감화를 받아 이런 의문이 들었기 때문이다. ‘하인리히가 월등히 좋고 아름다운 재화들을 모아 나날이 부유해지고 있는데, 내 운명은 전도유망한 시작을 뒤로한 채 고작 스스로를 속세의 일에 가두어두는 것이란 말인가?’ 그렇다,

나는 질투심에 만사를 제쳐두고 도망치듯 하인리히에게 날아왔다. 그러니 나를 더 이상 이방인으로 대하지 마라. 부디 망명자를 따뜻하게 맞아주길 청한다."

크리스티안의 말을 듣고 나는 깜짝 놀라 말했다. "전능한 신이시여, 이게 무슨 소리란 말인가? 단지 부러움 때문에 크리스티안이 나를 찾아오고, 아니 스스로를 되돌아보게 되었단 말인가? 시기하는 마음에 신의 축복이 함께 할지어다! 그러나 이렇게 말하는 크리스티안에게 그가 지금 운이 얼마나 좋은지를 알려준다면, 나를 향한 시샘은 곧 자기 자신을 향할 것이다." 그러자 크리스티안이 "무슨 말인데 그렇게 뜸을 들이는가?"라고 다그쳤고, 이에 내가 답했다. "크리스티안, 너무 재촉하지마라. '생각이 짧으면 언변이 좋고, 생각이 깊으면 말이 어눕다'[35]는 말이 있다. 하늘의 성스러운 별들이 나를 자애롭게 비추고 있는 이 축복의 순간도 영원할 순 없다. 우리가 그토록 천착하는 삶도 결국은 신들을 위한 것이다." 내가 이렇게 말했어도 크리스티안은 여전히 서둘렀다. "그래, 학문의 여신들이 나를 마음에 들어 한다면 분명 축복받은 일이다. 그러나 나는 제대로 된 방식으로 그러하면 좋겠다. 그러니 어서 말해보라." 그래서 내가 설명했다. "하늘은 내게 최

35 세네카, 『파이드라』, 607.

고의 은혜를 베풀었다. 나는 이 세상에서 감히 바랄 수 없는 수혜를 입었다. 아마도 크리스티안이라면 내가 받은 혜택이 무엇인지 짐작하겠지만, 내가 학식 있고 자애로운 교사를 얻은 것만큼 좋고 유익한 일이 또 있을까? 내가 그토록 오랫동안 수고스럽게 찾아온 가장 박식하고 정감 넘치는 교사, 에라스무스여! 더군다나 그는 온전히 내 차지이다. 낮과 밤 가릴 것 없이 그의 보살핌이 미치지 않는 때가 없다. 그 결과 나는 내 방에 앉아 헬리콘 산을 호령한다. 이거야말로 뮤즈의 삶이 아니고 무엇인가? 우리의 인생에는 놀이도 공부도 휴식도 모두 학문의 향이 배어있다. 우리는 점심을 먹으며 학문을 이야기하고, 저녁식사 자리에서 학문으로 흥을 북돋는다. 우리의 산책길은 학문에 대한 잡담으로 가득하고, 다른 사소한 소일거리들도 학문과 동떨어져 있지 않다. 우리는 잠이 들 때까지 학문을 논하고, 잠이 들면 학문에 대한 꿈을 꾸며, 이튿날도 학문으로 시작한다. 그러다보니 나는 공부가 아닌 놀이를 하고 있다는 생각이 들다가도, 지금 정말로 공부를 하고 있다는 느낌을 받는다."

"크리스티안, 이런 우리가 은자의 삶을 살고 있다고 이맛살을 찌푸릴지 모르지만, 사실 매일 많은 사람들이 우리를 찾아와 점심과 저녁식사를 함께 하곤 한다. 물론 우리만으로도 신을 경배하는데 부족함이 없다. 그래도 우리는 다양한 손님들을 초대하여 주연을 베푸는 것을 좋아한다. 이들이 누구냐고? 술독에 빠져

사는 부류는 아니니 안심하라. 그보다 우리와 오랫동안 알고 지내던 옛 친구들로서 대가 없이 기쁨을 주는 사람들이다. 바로 세월과 세상의 검증을 마친 저술가들이다. 향연을 시작할 때 우리는 누구를 가장 초대하고 싶은지를 생각한다. 만일 마크로비우스[36]가 우리의 주빈이라면, 우리는 그에게 꿈에 대한 주석이 아닌 유쾌한 소품을 들고 오라고 간청할 것이다. 마크로비우스보다 사변적인 자를 부르고 싶다면, 아울루스 겔리우스가 제격인데, 그의 흥미진진한 야화[37]를 듣고 있자면 밤이 새는 줄도 모른다. 그도 아니라면, 결코 인상을 찌푸리는 법이 없는 철학자 아풀레이우스[38]를 모시련다. 만일 시인들을 좋아한다면, 카툴루스나 마르티알리스를 데려올 것이다. 동시대인들 중에서는 익살과 재기를 타고난 캄파니[39]나 멋진 폴리지아노[40]를 소환할 것이다. 완고한 자들을 부를 심산이면, 이들을 연회가 아닌 토론에 초청할 것이다. 이 정도 손님들과 함께 하는 정찬이라면 꽤 괜찮고 마음에 들

36 5세기 초엽의 저술가. 그의 『사투르날리아』에는 흥미로운 정보가 가득하여 "우아한 잡문"으로 불릴만하다. 한편 그의 키케로의 『스키피오 꿈』에 대한 주석은 신실한 철학적 논고로 손색이 없다(에라스무스 편지 121:5).

37 겔리우스의 『아티카 야화』를 말한다.

38 2세기 아프리카 마다우라의 수사학자이자 철학자.

39 지오바니 캄파니. 피우스 2세의 학식 있는 친구들 가운데 한 명이다. 교황은 그의 번뜩이는 재기와 악의 없는 풍자를 마음에 들어 했다. 나중에 그를 주교직에 제수하였다(에라스무스 편지 101:37이하).

지 않는가? 이와 다른 손님들을 부를 성 싶으면, 경비도 만만찮게 소요될 뿐만 아니라 그들을 일일이 돌보는 수고도 감내해야 한다. 하지만 우리의 오랜 벗들을 초대하면 자칫 밋밋할 뻔 했던 저녁 식사가 유쾌해지고, 변변찮은 음식도 화려하게 변하며, 볼품없는 맛도 풍미를 더한다. 더군다나 이들은 사치를 모르는 자들이어서 만찬의 편익은 스스로 한껏 제공하면서도 정작 주인의 부담은 덜어준다. 생각만 해도 얼마나 푸근하고 예의바른 사람들인가! 그들은 자기들을 불렀다고 투덜대는 법이 없다. 기꺼이 초대에 응한다. 물론 자기들을 부르지 않았다고 소란을 피우는 일도 없다. 그들은 뒷말도 험담도 하지 않는다. 그들은 묻는 말에만 답한다. 그러나 질문이라도 받으면 우리가 듣고 싶은 말을 청산유수처럼 쏟아낸다. 그들은 술에 취해 아무 말이나 내뱉으며 추문에 휩싸이기는커녕 언제나 정중하게 하고 싶은 말은 간결하게 내뱉고, 개인적으로 발설하지 말아야 할 것들은 입을 굳게 다문다. 그들이 나누는 대화에는 상스럽고 멍청하고 무지한 말은 전혀 등장하지 않

40 안젤로 폴리지아노(1454-1494). 이탈리아 몬테풀치아노 출신이다. 15세기 후반기에 가장 유명한 인문주의자로서 피렌체대학에서 라틴어와 그리스어를 가르쳤다. 그의 강의록을 발췌하여 엮은 『문집』(피렌체, 1489)은 동시대인들에게 반세기 전 발라의 『라틴어의 우아함』만큼이나 인기가 많았다. 그는 로렌초 메디치의 친구였고 그의 아이들의 가정교사였다. 그는 또한 라틴어, 그리스어, 이탈리아어로 수려한 시를 지었다.

는다. 그들이 어떤 이야기를 들려줄 때는 그것이 세월의 정취를 담고 있거나 여전히 흥미진진하기 때문이다. 아니면, 문체가 훌륭하여 타의 모범이 되기 때문이다. 크리스티안, 내가 이 모든 호사를 예기치 않게 누리고 있으니 운이 좋다고 말해야 하지 않을까?"

그러자 크리스티안이 말했다. "하인리히, 정말 모든 면에서 행운의 여신 못지않게 운이 좋다. 내게 털어놓아라, 도대체 어디서 그런 복이 굴러들어왔는가?" 나는 대답했다. "크리스티안, 말하자면 길다. 하루가 걸려도 못다 할 이야기이다.[41] 그렇지만, 요약해서 말하리다. 크리스티안, 이런 저런 이름으로 불리는 나이 꽤나 먹은 위인을 알고 있지 않은가?" 그러자 크리스티안은 이상야릇한 이름을 중얼대다가 놀란 듯이 그자의 이름이 무엇이었는지를 물었다. 이에 내가 답했다. "그는 세상에서 가장 야만적인 사람이지만, 이름만 놓고 보면 전혀 그럴 것 같지 않다. 그의 생애는 온갖 범죄로 점철되어 있어서 강도질이나 사기 행각 따위는 조금도 개의치 않는다. 그런 짓거리로 재미를 보았던 터라 파리에서 그는 지금 자기 이익을 위해 배신을 일삼는다. 그는 이런 일에 제격인 배은망덕한 사람이다. 그가 관여하지 않은 사악한 짓은 하

41 베르길리우스, 『아이네이스』, 1.341-342. 에라스무스 편지 58.

나도 없지만, 그럼에도 그는 말하자면 자신의 행동과는 정반대로 불리고 있다." 크리스티안은 잠시 머뭇거리는가 싶더니 입을 열었다. "내가 이런 악마 같은 자와 마주친 적이 있었는가 싶다." 그래서 내가 말했다. "크리스티안, 그런 일이 없었다면 다행이다. 복수의 여신과 맞닥뜨려도 그런 괴수를 보는 것만큼 섬뜩하지는 않을 것이다. 그의 생김새를 간단히 묘사하면 이렇다. 기억 속에 있는 모든 천하고, 역겹고, 극악무도하고, 삐뚤어지고, 추한 인간들을 한데 합치면 나타날 얼굴 모양이다. 그는 부분적으로 흉측한 것이 아니라, 전체가 기괴한 모습이다. 시인들의 전언대로 신들이 판도라에게 온갖 선물을 주었다면, 그 늙은이를 만들 때는 갖가지 기이함을 하나로 뭉쳐 놓았음이 분명하다. 그리하여 그 사람을 본다면 인간도 괴수도 아닌, 그 자체로 복수의 화신처럼 여겨질 것이다. 한 마디로 그는 우리의 친구 에라스무스를 도륙한 야만인이다. 그는 일찍이 학문과 담을 쌓고 지냈던지라 이런 능글맞은 놈이 우리의 심지가 곧고 착한 친구[에라스무스]를 곤경에 빠트리기 위해 벌인 수작들이야 이루 다 말할 수 없을 정도로 많다."

이때 크리스티안이 중간에 끼어들었다. "그런데 어떻게 그런 얼간이가 학문할 마음을 먹었단 말인가? 악의 구렁텅이를 배회하다 나이만 들어 마음은 납덩이처럼 굳고 머리는 엉망인 자에게 학문이 가당키나 하단 말인가?" 그래서 내가 말했다. "당나귀[42]

가 리라 옆에 앉고, 까마귀[43]가 루트 곁을 서성대고, 황소[44]가 씨름장에 나타나고, 낙타[45]가 무대에 오르는 격이다. 아니, 그보다도 이치에 맞지 않는 일이다. 나는 그런 인간 같지 않은 복수의 화신을 교육시키느니 차라리 돼지처럼 욕심 많은 사람을 철학자로 만들겠다. 광인의 머릿속을 들여다보는 일은 분별없는 짓이다. 그의 행위에 어떤 의도가 있었다면, 학문에 적대적이거나 학식 있는 자의 평온함을 깨트리는 시기심이 전부였다." 그러자 크리스티안의 입에서 탄식이 흘러나왔다. "맙소사, 이런 놈도 학문을 입에 달고 살다니!" 이에 내가 말했다. "크리스티안, 리라 옆에 있는 당나귀를 보았다면 틀림없이 그런 생각이 들었을 것이다. 그런데 바로 그 자리에 회색 머리칼에 주름진 살갗과 더러운 턱수염을 기른 자가 눈썹을 치켜들고 짐승의 눈으로 박식한 교사를 쳐다보며 앉아 있었다. 마치 지옥의 독을 불쾌한 소리를 내며 들이마시고 있는 것처럼 그의 머리는 좌우로 흔들렸고, 입술은 창백했으며, 치아는 썩어있었다. 더 놀랄 일은 이런 자가 한때 사제가 되고 싶었다고 말하는 것이란다! 지금 무슨 악마가 나오는 통속극을 보

---

42 에라스무스, 『격언집』, I iv 35.

43 에라스무스, 『격언집』, I iv 37.

44 에라스무스, 『격언집』, I iv 62.

45 에라스무스, 『격언집』, II vii 66.

고 있다는 느낌이 들지 않는가? 극중 악마는 수도승을 가장한 병적 행동을 일삼는다. 당연히 그는 나이와 눈물에 호소하는 파렴치한 짓으로 선량한 에라스무스의 마음을 얻었다. 상대가 에라스무스였으니 오죽 쉬웠겠냐만 우리의 정직한 친구는 이런 악마 같은 놈이 세상에 존재하리라고는 상상도 하지 못했다. 에라스무스는 자기 가슴에 뱀[46]을 품고 있는 줄도 모르고 그를 몇 달이나 가르쳤다. 그러나 언제까지나 독을 감추고 있을 수는 없는 법이다. 마침내 이 자의 마음속에 숨어있던 분노가 폭발했다. 그제야 에라스무스는 이 악당에게 베풀었던 그동안의 친절이 무용지물이 되었음을 깨닫고, 당장 그 후안무치한 사람과 결별하였다. 에라스무스는 새로운 보금자리를 찾았고, 그의 오랜 친구로서 나만한 적임자도 없었다. 그 몹쓸 놈은 돈에만 눈이 멀어 에라스무스를 붙잡는 일에는 조금도 관심이 없었다. 집안의 다른 사람들은 그 뚱한 늙은이의 잘못을 따져 묻고, 에라스무스에게는 다시 돌아오라고 눈물로 간청했다. 로버트[47]는 재력가답게 미래를 약속하며 에라스무스를 구슬렸고, 토마스[48]는 고매한 품성으로 달랬다. 집주인 내외를 비롯하여 모든 하녀와 하인이 에라스무스의 귀환을 바

46 에라스무스, 『격언집』, IV ii 40.

47 피셔를 말한다. 에라스무스 편지 62 서문.

48 그레이를 말한다. 에라스무스 편지 58 서문.

랐는데, 그만큼 그의 인품이 매력적이었다는 말이다. 그 멍청이는 이미 자신의 행동을 후회하지만, 워낙 고집불통의 늙은이다보니 화를 미친 듯이 내 놓고 뒤돌아 금방 뉘우치는 것이 계면쩍었던 모양이다. 그는 주변 사람들의 멸시를 아랑곳하지 않고, 심지어 스스로를 기만하면서까지 고래고래 악을 썼다. 그리하여 에라스무스는 '단단한 부싯돌이나 금강석 덩어리'[49]처럼 마음을 굳게 먹고 우리 집으로 왔다."

내 이야기를 듣고 있던 크리스티안은 그 늙은이의 배은망덕함에 놀라며 말했다. "불쌍한 에라스무스, 그런 정신 나간 놈을 만나다니. 저 멀리 인도 사막에나 내다 버릴 지긋지긋한 병마 같으니!" "크리스티안, 꼭 그런 것만은 아니다." 내가 끼어들었다. "그의 병적 행동이 없었던들 어찌 에라스무스가 내게 왔겠는가. 에라스무스 역시 종종 신의 섭리 운운하며 오래전 소크라테스가 크산티페[50]를 통하여 참는 법을 배웠듯이 자신도 그런 사악한 존재를 만나 인내를 배웠다고 말한다. 그리하여 이 희극은 우리 둘 모두에게 행복한 결말로 끝났고, 무대에서 퇴장하는 그대의 형은 큰 박수갈채를 받아 마땅하도다." 그러자 크리스티안이 답했다.

---

49 베르길리우스, 『아이네이스』, 6.471.

50 소크라테스의 악처.

"하인리히, 왜 아니겠는가, 내가 키케로의 언변 능력을 타고났다면 틀림없이 정교하고 멋진 연설로 축하를 건넸을 것이다. 그러나 내 형편없는 말솜씨는 세상천지가 아는 것, 어서 집으로 가서 에라스무스나 만나보는 것이 어떻겠나?" 크리스티안의 제안에 나도 고개를 끄덕였다. "그보다 좋은 일이 없기 때문이다."

나는 크리스티안의 왼쪽에서 걸으려고 노력했고, 크리스티안 역시 내게 오른쪽 자리를 양보하려고 애썼다. 그렇게 서로 상대방에게 자리를 비켜주려 옥신각신하다 나는 갑자기 잠에서 깼고, 나의 크리스티안도 사라져 버렸다. 소파에 함께 앉아 있던 에라스무스는 나의 어리둥절한 모습을 보고 무슨 일이 있었냐고 물었다. 나는 그에게 자초지종을 설명했다. 그러자 그는 얼른 대필하는 아이를 불러 이 편지를 받아쓰도록 했다. 내가 꿈에서도 크리스티안을 잊지 못하고 있음을 전하기 위해서였다. 그럼, 안녕히.

그해(1498년) 파리에서

#62

로버트 피셔에게

파리(1497년? 8월)

로버트 피셔는 로체스터 주교 존 피셔의 사촌이었다. 한동안 파리에서 에라스무스의 학생으로 공부한 뒤에 그는 1498년 봄에 이탈리아로 건너가 법학 박사학위를 취득했다. 나중에 그는 영국으로 돌아가 왕으로부터 높은 종교적 직책을 하사받았다. 에라스무스는 그를 위해 『편지쓰기에 대하여』 초고를 저술했다. 그리고 이 영국인을 위해 아마도 발라의 『라틴어의 우아함』을 알기 쉽게 풀어썼던 것으로 보인다.

에라스무스가 그의 친구 로버트 피셔에게

여자란 참으로 욕심이 많고 짜증을 잘 내는 족속 아닌가! 요

전날 하인 녀석이 우리의 옛 하숙집 주인여자[51]의 끝없는 불평 목록을 가지고 내게 돌아왔다. 그녀의 남편은 우리 둘에 관해 이런 저런 넋두리를 늘어놓았다. 어머니라는 사람은 자기가 참된 노르만의 후예임을 보이려는 듯 내가 그녀의 노고에 사의를 표하지 않았다고 계속해서 투정을 부렸다. 딸년은 당신이 지불한 방값이 형편없이 적었고 그녀와의 오랜 우정도 저버렸다고 툴툴거렸다. 나로서는 열배 이상 지불했던 것인데, 그렇게 바가지를 쓴 덕에 여즉 빚에 허덕인다. 나는 여자들의 이러한 행태에 관해 생각하면서 내가 영위하는 〔학문의〕 삶이 소중하다는 것을 깨닫는다. 이런 삶이 우연이라면 운이 좋은 것이고, 의도적으로 선택한 것이라면 지혜로운 것이다.

너절한 여자로 말미암아 보잘 것 없는 편지를 보낸다. 당신의 건강을 축원한다. 나로 말할 것 같으면 점차 좋아지고 있어서 바랄 게 없다.

파리(1498년)

---

51 안토니아. 에라스무스 편지 55:17–18n.

#63

토마스 그레이

파리(1497년 8월)

에라스무스가 그의 친구 토마스 그레이에게

친애하는 토마스, 혹여나 당신이 나를 편지 쓰지 않는 구실만 찾는 사람으로 여길지도 몰라서 나는 바쁜 와중에도, 또 간혹 중단되는 일이 있어도 당신과 서신교환을 하기로 결심했다. 그러니 앞으로는 편지마다 나의 호의가 담겼는지, 아니면 당신의 똑똑함에 대한 찬사가 이어졌는지를 일일이 살피지 마라. 이번 한 번만 말하리다. 당신의 자애로움, 그것의 따스함, 솔직함, 겸손함, 열의, 우애만큼 내게 소중하고 마음에 드는 것은 없다. 아라비아의 부유함과도 바꾸지 않을 귀중한 축복이다. 그뿐인가, 당신을 향한 나의 애정으로 말할 것 같으면 다음의 말을 아폴로의 예언처럼 명심하라. 당신이 지금처럼만 덕과 학문을 소중히 여긴다면, 나의 이러한 태도는 우리의 교류가 중단되어도 또 어떤 운명의 풍파가 몰아쳐도 변하지 않을 것이다. 덕에 바탕을 둔 우정은 언제나 변함없이 한결같다. 반면에 탐욕으로 맺어진 관계는 돈이 떨어지면 우정도 다한 것이다. 쾌락으로 얼룩진 사랑 역시 욕구가 충족되면 모든 것을 잃는다. 마지막으로 유치한 광기에 사로잡힌 우정은 변덕이 심한 법이다. 그러나 우리의 우애는 이런 것들보다 훨씬 숭고한 뜻에서 시작되었기에 그 토대도 매우 단단하다. 우리의 우정은 이익이나 쾌락을 위한 것이 아니었고, 그렇다고 젊은 날의 일시적인 기분에 의한 것도 아니었다. 우리를 한데 묶은 것은 학문과 공부에 대한 명예로운 열정이었다. 선하고 학구적인 사람들 사이에는 개인적인 것을 뛰어 넘는 강력한 동지애가 있다. 그것은 비슷한 것에 대한 공통된 열정에서 비롯된다. 그리고 덕의 추구가 끝이 없고 늘 우연찮은 위험에 둘러싸여 있는지라 선한 사람들 간의 선의의 연대는 지속될 수밖에 없다.

바로 이러한 종류의 사랑으로 우리가 서로 연결되어 있기 때문에 우리의 우정은 주변에서 흔히 보는 통속적인 우정과 달리 뜻밖의 역경을 만났어도 좌초하지 않는 것이다. 학문을 향한 당신의 순수한 사랑이 그대로인들 내 마음 또한 변할 리 만무하다. 나의 도움으로 당신의 유덕한 성향이 농익어간다면 나로서는 더 바랄 것이 없다. 그로인해 내 마음은 충분히 보상을 받은 것이다.

친애하는 토마스, 이러한 과업을 이루기 위하여 혼신의 힘[52]을 다하여라. 내가 말하는 방법은 최고의 고전을 찾아 읽으라는 것이다. 시대의 유행을 따른답시고 해로운 잡문이나 읽어서는 안 된다. 그것은 도덕적 해이와 저속함을 퍼트리는 역병과도 같다. 주변에 충분히 훌륭한 책들이 많이 있는데 굳이 부도덕한 글들을 읽어서 무엇 하는가? 베르길리우스를 가장 먼저 읽어라. 그러고 나서 루카누스, 키케로, 락탄티우스, 히에로니무스, 살루스티우스, 리비우스 순서로 읽어라.

이제 접어야 한다. 물론 마지못해 그러는 것이다. 편지를 쓰면서 당신과 나누는 대화는 너무나도 즐거운 일이다. 우리가 떨어져 지낸들 우리의 우정마저 시들겠는가! 당신은 언제나 내 마음속에 있다. 나는 심지어 목소리를 듣는 것보다도 유쾌한 심정으로 편지 속에서 당신과 대화를 나눈다. 행복하기를. 그럼, 안녕히.

1497년 파리에서

추신. 내 펜의 새로운 잉크 색에 놀라지 마라. 원래 연인들 간에는 '피'로 글을 쓰는 법이란다! 잉크가 떨어져서 오디 즙을 썼더니 이 모양이다.

52 에라스무스, 『격언집』, I iv 15.

#64

토마스 그레이에게

파리(1497년 8월)

다른 대안이 없어서 가정교사직을 그만두지 못하였지만, 에라스무스는 신학을 공부하여 박사학위를 취득하려는 희망을 버리지 않았다. 그레이와의 서신교환이 원활하지 못했던 이유도 그가 틈만 나면 신학 강의를 들으러 다녔기 때문이다. 에라스무스의 평상시 스코투스학파에 대한 경멸감이 아래 편지에도 고스란히 담겨 있다.

에라스무스가 젊은이의 필체[53]로 귀족 청년인 그의 친구 토마스 그레이에게

나의 벗 토마스에게 안부를 전한다. 요 며칠 동안 내게서 편지를 받지 못했다고 너무 놀랄 것 없다. 어느 시인의 말대로 "사랑은 곧 안달복달하는 마음일지어니!"[54] 당신을 향한 내 마음이 식었을 리 있으랴만, 그래도 당신은 "그 이유가 무엇이냐?"고 묻고 싶을 테다. 나는 편지 쓰는 법을 잊었다고 말하리다. "대관절 무슨 일이기에 에라스무스가 손에서 펜을 놓았단 말인가?" "그게 무엇이냐고, 이제부터 내가 진귀한 이야기를 하나 들려주겠다. 내가, 그래도 명색이 신학자인 내가 최근에 스코투스주의로 전향하지 않았던가! 하늘이 굽어 살필지어다. 내 편인 당신도 기도를 올려 달라. 나는 당신과 동향인 한 사람(스코투스도 만년의 호메로스처럼 세상이 서로 자기 땅의 아들이라 주장하지만, 영국인들만큼이야 하겠는가)의 영감에 너무 심취하여 스텐토르[55]의 목소리로도 깨어나지

53 이런 표현("젊은이의 필체")은 에라스무스 편지 58에도 등장한다. 에라스무스 편지 26과 29에서는 "소년의 필체"라는 말이 나온다. 에라스무스가 1521년에 그의 비방자와 루뱅대학 신학부에 보낸 편지들도 참조하라.

54 오비디우스, 『여인들의 편지』, 1.12.

55 트로이에서 싸운 그리스 병사로서 목소리가 큰 것으로 유명했다. 에라스무스, 『격언집』, II iii 37.

못할 지경이다." 이런 내게 당신은 말할 것이다. "그럼, 지금 잠결에 이 글을 쓰고 있단 말인가?" "쉿, 그것이 신성한 잠인 줄도 모르는 속세의 바보 같으니. 우리는 그런 상태로 글만 쓰는 것이 아니라, 계집질도 하고 술도 마시고 험담도 퍼트린다. 내 경험상 세상에는 직접 겪어보지 않고는 믿을 수 없는 일들이 많이 있다. 나도 에피메니데스의 꿈이 한낱 과장된 이야기에 불과하다고 생각하던 때가 있었다. 그러나 지금은 전혀 놀랍지 않은데, 그에 버금가는 것을 내가 찾아냈기 때문이다." 이만하면 당신의 참을성도 바닥을 드러낼 것이다. "이런 빌어먹을, 지금 내게 무슨 이야기를 하고 있는가?" 그래서, 내 비록 당신이 신학과 담을 쌓은 사람이라는 것은 잘 알지만, 그럼에도 우정의 이름으로 우리의 심오한 신비를 당신께 보여주고자 한다.

일찍이 에피메니데스[56]라는 사람이 있었다. 그는 크레타 사람들이 모두 거짓말쟁이라는 문구를 남겼는데, 그 자신도 크레타 사람이었으니 사실만을 말했던 게다. 그는 장수를 누렸고, 죽은 지 한참 뒤에 발견된 살가죽에는 글자 문형들이 새겨져 있었다.

56 기원전 6세기 반신화적인 크레타의 철학자이자 예언자이다. 크레타 사람들은 항상 거짓말쟁이라는 시구를 지었다. 성 바울이 『디도서』, 1:12에서 인용하였다. 그의 신성한 잠에 대해서는 에라스무스의 『격언집』 I ix 64를 참조하라.

혹자는 그의 시신이 현재에도 스코투스 신학의 성지인 파리 소르본에 보관되어 있다고 말한다. 예전에 크레타 사람들이 디프테라[57]를 소중히 여겼다면, 또 로마 사람들이 시빌라의 예언집[58]을 신성하게 다루었다면, 오늘날 신학자들은 그들의 삼단논법이 신통치 않으면 얼른 이 죽은 몸뚱이에게 신탁을 구한단다. 그것도 아무나 하는 것이 아니어서 십 오년 동안 신학에 정진한 '우리의 고매하신 선생'[59]들만의 특권이다. 만일 다른 누군가가 감히 불경한 눈으로 그것을 쳐다본다면, 그는 그때부터 두더지[60]마냥 앞을 보지 못하게 된다. 내 이야기가 허무맹랑한 소리가 아니라는 것은 고대 그리스인들이 보증하는 것이다. 그들의 속담에 등장하는 "에피메니데스의 가죽"[61]은 비밀스러운 것과 저속한 눈에 보이지 않는 것을 나타내는 말이었다. 에피메니데스는 또한 신학에 관한 책을 여럿 썼다. 그만큼 뛰어난 신학자였다. 물론 예언자이자 시

57 어린 제우스에게 젖을 물린 염소의 가죽. 크레타 사람들이 신성한 유물로 보존하였다고 말해진다. 에라스무스, 『격언집』, I v 24.

58 "시빌라"로 명명된 무녀들이 전하는 신탁. 로마에서는 원로원의 명령이 있어야만 시빌라의 예언서를 들여다볼 수 있었다.

59 라틴어 "마기스테르 노스테르"의 번역. 신학 교수를 가리키는 일상적인 명칭. 『무명인의 편지』에 자주 등장하는 말이다. 에라스무스도 풍자조로 즐겨 사용한 용어이다.

60 에라스무스, 『격언집』, I iii 55.

61 에라스무스, 『격언집』, IV ii 76.

인으로서의 명성도 대단했다. 그는 실뜨기 놀이처럼 삼단논법을 엮어서 책을 지었는데, 얼마나 복잡하게 짰던지 그 자신도 풀지 못하고 신비로움만 더했다. 그나마 그가 예언자였으니 망정이지 하마터면 아무것도 이해할 수 없었을 것이다.

그에 대해 전해지는 이야기가 있다. 어느 날 에피메니데스는 집에만 있는 것이 무료하여 도시 밖으로 산책을 나갔다. 그러다가 그는 깊은 동굴로 들어갔다. 더위를 피할 요량이었는지, 좀 쉬었다 갈 심산이었는지, 길을 잃고 밤을 보내기 위함이었는지 모르겠다. 가장 그럴듯한 설명은 그가 명상을 위한 장소를 찾고 있었다는 것이다. 아무튼 그곳에서 그는 손톱을 물어뜯어가며 장시간 '실체' '본질' '형식' 따위를 숙고하다가 그만 잠이 들고 말았다. 내가 당신에게 그가 다음 날 저녁까지도 잠에서 깨어나지 않았다고 말한다면, 당신은 그보다 더한 술꾼들이 있다는 것을 알면서도 나를 미심쩍은 눈으로 쳐다볼 것이다. 그런데 그가 무려 사십 칠 년 동안이나 종교적인 잠에서 깨어나지 않았고, 그가 그때 깨어난 것도 모두 신의 계시였단다. 그러면, 당신은 말할 것이다. "아주 죽었던 게로군!" 그러나 당신의 진단과 달리 에피메니데스는 뒤늦게나마 그의 감각들을 모두 되찾았던 것으로 보인다. 오늘날 우리의 신학자들은 한 번 잠들면 그것으로 끝이다. 마취 상태로 있는 것을 정신이 온전한 것으로 착각한다. 다시 에피메니데스의 이야기로 돌아가자.

그래서 그는 깨어났다. 졸린 눈을 비비며 동굴 밖으로 나왔지만, 여전히 잠에서 깬 것인지 아니면 꿈속에 있는 것인지 헷갈렸다. 그는 주변의 경관이 완전히 바뀌었다는 것을 알아챘다. 그가 잠들어 있는 동안 강바닥이 변했고, 나무가 있는 곳이 달라졌고, 평야와 구릉이 서로 뒤바뀌었다. 동굴로 들어가는 입구도 이끼와 덤불이 잔뜩 끼어 있어서 형체를 알아볼 수 없었다. 심지어 에피메니데스는 그 자신의 존재마저 의심하기 시작했다. 그는 고향 마을로 돌아갔다. 그러나 모든 것이 새롭기는 마찬가지였다. 그는 성벽이며 거리며 동전이며 그곳의 사람들까지 어느 것 하나 알아볼 수 없었다. 뿐만 아니라, 옷차림도 행동거지도 말투도 모두 변해있었다. 그처럼 인생은 덧없는 것이다. 그는 만나는 사람마다 붙잡고 묻기를, "내가 에피메니데스요, 정령 나를 모른단 말이오?" 사람들은 그가 자기를 놀리는 줄 알고 "예끼 저리 가시오. 얼른 길잡이 친구[62]나 찾으시구려!"라고 말했다. 이런 식으로 그는 몇 달을 배회하며 세인들의 웃음거리가 되었다. 그러다가 마침내 그는 자기를 알아보는 나이 지긋한 마음씨 좋은 사람들을 만났다.

62 그리스어 "크세노스"의 번역. 고대 그리스에서 이방인에게 편의를 제공하고 우의를 나누었던 "손님의 친구"를 의미한다.

친애하는 토마스, 에피메니데스의 꿈에 대해 어떻게 생각하는가? 왜 그러냐고, 그런 신비로움이야말로 오늘날 스코투스 형제들의 자랑거리이자 에피메니데스가 스코투스로 환생하였다는 틀림없는 징표이기 때문이다. 당신은 에라스무스가 스코투스주의자들 사이에 끼어 앉아 고매한 성단을 쳐다보며 그릴라드[63]의 강연을 듣고 있는 모습을 보았어야만 했다. 그랬다면, 당신은 미간을 잔뜩 찌푸리고 도통 이해하지 못하겠다는 시늉을 하며 수심 가득한 표정을 지어보이는 전혀 다른 에라스무스를 발견했을 것이다. 그들이 말하길, 세속적인 학문에 조예가 깊은 자는 자신들의 학문을 이해할 수 없단다. 그러니 그동안 습득한 고귀한 지식은 모두 버려야 했고, 헬리콘[64]에서 들이마신 영감도 도로 뱉어내야 했다. 품위와 해학이 넘치는 라틴어도 금물이어서 나는 전력을 다해 조악한 말투를 사용했는데, 그래서인지 조금씩 나아지는 기미가 보였다. 결국에는 그들도 나를 인정할 것이라는 희망이

63 알려진 것이 없다. 프랑스계 이름의 말장난. 알렌의 『에라스무스 서간집』 222:36과 오디세우스와 그릴루스 간의 대화(플루타르코스, 『도덕집』, 985D−992A)를 참조하라. 그릴루스는 키르케의 마술에 걸려 돼지로 변했지만, 지금은 그의 돼지 같은 상태의 이로움에 대해 궤변을 펼친다. 이런 식으로 에라스무스는 이름을 가지고 자주 말장난을 쳤다. 톰슨, 「에라스무스의 라틴어」, 도레이(편), 『에라스무스』(런던, 1970), 127−128.

64 보이오티아에 있는 산. 히포크레네라는 샘물로 유명하다. 시인들의 영감의 원천이다.

생겼다.

여전히 당신은 의아하여 물을 것이다. "이게 다 무슨 말인가?" 당신에게 보내는 경고쯤으로 생각하라. 지금 내가 하루 종일 누구와 어울리며 돌아다니고 있는지를 잊지 않았다면, 앞으로는 내게서 이전의 학식이나 인격 따위를 바랄 수는 없을 것이다. 그러니 어서 다른 짝을 찾아라. 친애하는 토마스, 이런 식으로 편지를 썼다고 너무 놀라지 마라. 내가 신학을 저버렸다고 호들갑떨지도 마라. 신학에 대한 내 열정이야 당신도 잘 알고 있지 않은가. 그냥 재밌으라고 장난 좀 쳤다. 주변을 한 번 돌아봐라. 머리는 아둔하고, 입은 상스럽고, 기지는 둔탁하고, 가르침은 난해하고, 성격은 볼품없고, 삶은 위선적이고, 말은 악의적이고, 마음은 시꺼먼 사이비 신학자들 천지이다. 그럼, 안녕히.

그해(1499년) 파리에서

#66

토마스 그레이/피에르 비트레에게

파리?(1497년?)

이 편지는 『교육방법론』의 서문으로 처음 출간되었다. 1511년 10월 파리에서 브뤼허의 비어만스는 아고스티노 다티의 편지들과 에라스무스의 『교육방법론』을 한데 묶어 책으로 출간하였다. 에라스무스는 그런 사실을 알지 못했다. 이 편지는 원래 토마스 그레이에게 쓴 것이었다. 본문에 나오는 레우코파에우스는 그레이를 뜻하는 그리스어 단어이다. 듣자 하니 이 편지는 에라스무스가 1509년 페라라에서 윌리엄 탈레에게 맡긴 문서들 가운데 하나였다. 탈레는 파리로 돌아오자마자 이 편지를 출간하였다. 그는 편지 앞머리에 나오는 그레이를 자신의 이름으로 고쳐 적었는데, 그리스어에 무지한 나머지 본문에 나오는 레우코파에우스는 그대로 두었다. 이러한 일련의 사태에 격노한 에라스무스는 당장에 『교육방법론』을 재출간하기로 마음먹었다. 1512년 7월 파리에서 조스 바드는 정식으로 에라스무스의 『교육방법론』을 그의 『문체론』과 나란히 출간하였다. 그러면서 탈레를 다시 피에르 비트레로 수정하였고, 레우코파에우스도 '나의 피에르'로 변경하였다.

피에르 비트레는 그레이와 가까운 친구 사이였고 에라스무스의 뒤를 이어 그의 가정교사가 되었다. 비트레는 한동안 칼레에서 가르치는 일을 하였으나, 1516년에 파리로 돌아와 롬바르드 칼리지와 나중에는 나바르 칼리지에서 가르쳤다. 에라스무스는 비트레를 위해 1518년 파리 주교 에티엔 폰쉐에게 추천서를 보내고자 하였다. 이 두 사람은 여러 해 동안 서로 편지를 주고받지 않았지만, 에라스무스는 죽기 전에 작성한 유언장에서 비트레에게 유산을 남겼다. 에라스무스가 이 편지를 그레이가 아닌 비트레에게 헌정한 이유에 대해서는 알 길이 없다. 에라스무스는 생전에 이 둘과 모두 친하게 지냈고, 1517년에는 두 사람 앞으로 편지를 쓰기도 하였다.

에라스무스가 그의 친구[윌리엄 탈레]에게

나의 소중한 친구〔탈레〕여, 당신은 정말이지 선견지명이 탁월하고, 항상 진리만을 입에 담는다. 그런 당신이 이르기를 행동할 때는 계획과 순서가 가장 중요한데, 특히 인문학을 공부할 때 그러하다고 말한다. 우리는 주변에서 기술〔방법〕의 힘으로 그렇지 않으면 꿈쩍도 하지 않았을 무거운 물체를 쉽게 들어 올리는 장면을 자주 목격하지 않는가? 마찬가지로 전쟁터에서 중요한 것은 병력의 수나 공격의 규모가 아니라 병사를 얼마나 적재적소에 잘 배치하고 어떤 전략으로 전투에 임하느냐는 것이다. 플라우투스[65]의 말대로 지름길을 알고 있는 사람은 그렇지 않은 사람이 강둑이나 해안선을 따라 우회하는 사이에 재빨리 목적지에 도달한다. 이런 까닭에 당신은 내게 학습의 과정을 순서대로 알려달라고 부탁하고, 그것을 테세우스의 실타래로 삼아 학문의 미궁[66]에서 길을 찾으려 한다. 나는 이런 당신의 계획을 환영해 마지않는다. 그것이 나의 친애하는 친구의 바람이기도 하지만, 그 자체로도 쓸모 있고 훌륭한 생각이기 때문이다.

…… 나의 레우코파에우스, 이 글에는 공부하는 방법에 관한 내 생각이 담겨 있다. 마음에 들면 따라해 보고, 그렇지 않으면 내가 들인 수고라도 헤아려주기 바란다. 기왕에 시작한 일이니 최선을 다하라. 당신의 고귀한 태생에 뛰어난 학문의 빛을 더하라.

3월 15일 런던에서

65 플라우투스, 『포에눌루스』, 627–628. 에라스무스, 『격언집』, II vii 81.

66 에라스무스, 『격언집』, II x 51.

#225

존 콜레트에게

케임브리지 퀸스 칼리지, 1511년 8월 24일

에라스무스는 6월 중엽에 파리를 떠나 런던으로 돌아갔다. 그곳에서 그는 전염성 열병인 속립열을 매우 심하게 앓았다. 그는 8월 중순경에야 가까스로 몸을 추슬러 케임브리지로 향했다. 존 피셔가 그를 위해 특별히 마련한 그리스어 강사직을 맡기 위해서였다.

에라스무스가 그의 친구 콜레트에게

친애하는 콜레트, 그동안 당신이 들으면 포복절도할 불행한 일들이 내게 너무나도 많이 일어났다. 일전에 런던에서 발생한 해프닝들은 차치하고, 글쎄 불록[67]이 내주었던 말을 마차에서 빼내니 내 하인의 말이 무서워 다리를 저는 것이 아닌가. 게다가 여행 내내 쫄쫄 굶었다. 그뿐인가. 이튿날은 하루 종일 비가 내렸다. 설상가상으로 저녁을 먹고 나니 천둥번개에 폭우가 몰아쳤다. 내 말은 세 번이나 땅에 코를 박고 꼼짝도 않았다. 불록은 천문학을 공부하였는지라 이 모든 것이 제우스[68]의 노여움을 사서 그렇단다. 진작부터 그런 것 같았다. 나야말로 기독교 식 청빈함의 표본이다. 내가 여기 저기 후원자들로부터 돈을 쥐어짜내도 경제적 풍요는 꿈도 꿀 수 없는 노릇이다.

이곳에 나와 동향인 의사[69]가 있다. 그는 제5원소가 특별한 효능이 있다고 믿는 사람이다. 이를 테면 노인네에게 젊음을 되돌려주거나 죽은 자를 도로 살려낸다는 식이다. 나는 다시 젊어질 수 있다는 말에 귀가 솔깃하다가도 그것을 어디서 구할지를 생각하니 막막하다. 그리만 된다면, 이곳으로 온 보람이 있다. 벌이는 어떠냐고, 말도 마라. 누더기나 걸친 자들에게서 얻을게 무언가?

---

67 헨리 불록. 퀸스 칼리지의 젊은 펠로우로서 에라스무스가 당시 유일하게 알고 지내던 케임브리지의 친구였다. 그들은 1506년에 처음 만났던 것으로 보인다. 이때는 에라스무스가 이탈리아에서 런던으로 돌아온 뒤였다. 불록은 콜레트-모어-그로신의 런던 서클과 자주 왕래하는 사이였다.

68 비의 신 플루비우스를 가리킨다.

69 본트 박사를 말한다. 에라스무스는 본트 박사의 죽음을 언급한 적이 있다(에라스무스 편지 275). 그는 일종의 연금술사로서 천상의 물질로 알려진 제5원소를 찾아내려 애썼다.

나는 타고나기를 황동과는 거리가 먼 사람인게다.

그럼, 안녕히. 내 은혜로운 조언자이자 교사여. 내가 강의를 시작하면 다시 소식을 전하리다. 또 아는가, 지금보다 더 우스꽝스러운 일들이 벌어질지.

1511년 성 바르톨로뮤 축일 케임브리지 퀸스 칼리지에서

추신. 나는 조만간 당신의 세인트 폴 스쿨[70] 문제와도 씨름을 벌일 작정이다. 당신의 에라스무스가 얼마나 용감한 자였는지를 목격하리라! 다시 한 번 작별을 고한다.

70 에라스무스 편지 108:76n.

#227

존 콜레트에게

케임브리지, (1511년) 9월 13일

에라스무스가 그의 친구 콜레트에게

나는 당신의 부탁으로 성 크리소스토무스의 미사[71]와 당신이 그다지 좋아할 것 같지 않은 편지글[72] 하나를 동봉해 보낸다. 나는 당신이 제도를 만들고 규칙에 따라 행동하는 것을 몹시 싫어한다[73]는 것을 잘 알고 있다. 그러나 교사에게는 그런 것들도 어

71 에라스무스가 그리스어로부터 번역한 글이다. 1536년 파리에서 초판이 나왔다. 1537년과 1539년에 다시 출간되었다.

72 에라스무스의 『교육방법론』을 말한다. 초고는 편지 형식의 글이었다.

73 콜레트의 『어형론』(1509)에서의 태도를 염두에 둔 것으로 보인다.

느 정도 중요하다. 리나커[74]에 대한 세상 사람들의 말은 귀담아 듣지 마라. 내가 장담컨대 그는 당신을 매우 존경하고 있다. 당신이 그의 문법서를 퇴짜 놓았다고 해서 그의 마음이 변한 것은 아니다. 물론 인간인지라 그가 자기 글에 애착을 느끼는 것은 부모가 자식에게 그러하듯 당연하다. 그러니 가급적 그의 아픈 곳을 건드리지 않게 조심하고 감정 표현에 유의하라. 유감을 표하는 몇 마디 말보다(특히 타인의 입을 빌려) 당신의 진심어린 태도와 행동에 그는 다시 마음을 열 것이다. 그의 마음에 맺힌 상처도 시간이 지나면서 아물 것이다. 그런데 내가 당신에게 이런 말을 하고 있으니, 속담도 있다시피 "돼지가 미네르바를 가르치는"[75] 꼴이다.

나는 당신 학교에서 보조 교사[76]로 일할 만한 사람을 아직 발견하지 못했다. 계속 찾아보고 적합한 사람이 있으면 바로 알려주겠다. 그럼 안녕히. 가장 훌륭한 교사여.

여기서 나는 종종 당신을 대신해 토미주의자들이나 스코투스주의자들과 논쟁을 벌인다. 자세한 것은 나중에 만나서 이야기

---

74 토마스 리나커는 세인트 폴 스쿨에서 사용할 라틴어 문법서를 저술하였으나, 콜레트가 그의 책을 선정하지 않았다. 리나커는 나중에 『라틴어구문론』(런던, 1524)을 저술하여 세상에 이름을 알렸다. 리나커의 책들은 다년간 유럽에서 널리 사용되었다.

75 에라스무스 편지 216:35–36n.

76 세인트 폴 스쿨에서 콜레트의 수업을 보좌할 교사.

하자. 나는 성 바실리우스의 이사야[77] 주석을 번역하고 있는데 여간 흥미로운 것이 아니다. 나는 그 주석의 일부를 로체스터의 주교[78]에게 보내 수고비라도 타낼 심산이다. 이런 내게 당신은 미소를 지으며 말할 것이다. "거렁뱅이가 따로 없군!" 그렇다, 나도 이런 내가 싫다. 나는 굳세게 마음을 먹었다. 어디서 괜찮은 자리를 하나 얻어 작금의 가난뱅이 신세를 벗어나거나, 아니면 아예 디오게네스처럼 살자고 말이다. 재차 작별을 고한다.

(1513년) 9월 13일 케임브리지에서

추신. 만일 당신이 가지고 있는 돈을 누군가에게 장학금으로 지급할 수 있다면, 몇 푼의 노블즈[79]라도 일찍이 그로신의 학생이었고 지금은 파리에서 인문학을 공부하고 있는 리처드 크로크[80]에게 보내주면 좋겠다. 내가 잘못 본 게 아니라면, 그는 전도유망한

---

77 에라스무스 편지 229 서문을 참조하라.

78 존 피셔. 에라스무스 편지 229.

79 튜더 잉글랜드의 금화.

80 리처드 크로크. 케임브리지에서 공부하고 런던에서 그로신에게 배웠다. 1511년 파리로 건너가서 에라스무스와 지롤라모 알레안드로의 학생이 되었다. 그는 에라스무스의 『우신예찬』 출간을 도왔던 것으로 보인다. 1512년 크로크가 영국으로 돌아가자 알레안드로는 에라스무스에게 그를 계속해서 돌보아줄 것을 당부했다. 그는 1518년 케임브리지에서 그리스어 강사가 되었다.

젊은이가 틀림없다. 당신이 충분히 도와줄만한 인물이다. 또 한 번 인사를 건넨다. 내가 알고 있는 최고의 교사여.

#230
존 콜레트로부터
(런던, 1511년 9월 마지막 날)

에라스무스 편지 227에 대한 답장이다. 이 편지는 에라스무스가 콜레트에게 또 다른 편지(231번 편지)를 보내는 10월 5일까지도 그에게 당도하지 않았다. 위의 편지는 데벤터 편지첩에서 발견되었다.

존 콜레트가 로테르담의 에라스무스에게

내가 어찌 싫다고 하겠는가? 그것이 당신이 말하는 제도와 규칙[81]인데. 내가 에라스무스의 충고를 따르지 않은 적이 있었던가? 나는 고전을 공부하는 방법에 대한 당신의 편지[82]를 우선 급한 대로 읽어보았다. 요즘은 글 하나 찬찬히 읽어볼 시간도 없다. 내가 읽은 것을 토대로 말하자면, 나는 당신 의견에 모두 동의할 뿐만 아니라 당신의 능수능란함, 학식, 유창함, 표현력은 물론이고 타고난 재능에도 혀를 내두를 지경이다. 내 바람은 당신이 제안한 방법으로 우리 학교의 소년들을 교육하는 것이다. 또, 당신 글에 나오는 그런 박학다식한 사람이 그들을 가르치는 것이다. 나는 당신 편지에 뒤따라 나오는 부분[83]에 이르러 당신이 아이들은 라틴어와 그리스어를 적당히 구사하는데 지금처럼(이런 저런 교사 밑에서 엉터리로 언어를 배우며 시간만 낭비하는) 오래 걸리지 않는다고 주장했을 때, 정말이지 에라스무스 당신을 우리 학교 교사로 데려오고 싶었다. 그러나 그럴 수는 없는 노릇이니, 당신이 잠시라도 케임브리지에서 이곳으로 건너와 우리 학교 교사들을 지도해주기를 바랄 뿐이다. 그때를 위해 당신이 보내준 원본은 내가 잘 보관하고 있겠다. 우리 친구 리나커[84]에 대해서는 당신의 친절하고 야무진 충고대로 처신할 것이다. 번거롭겠지만, 내 밑에서 교사로 일할 사람을 계속 찾아주면 좋겠다. 그가 오만하지 않고 내 말을

81 에라스무스 편지 227.

82 『교육방법론』을 말한다. 에라스무스 편지 227.

83 "학생들을 교육하는 방법"이라는 부제를 달고 있는 그의 편지[교육방법론]의 본문을 말한다.

84 에라스무스 편지 227.

적당히 들어주는 사람이면 바랄게 없다.

지난 번 편지에서 나를 대신해 스코투스주의자들과 일전을 벌였다니 나로서는 천군만마를 얻는 것처럼 기쁘다. 그러나 당신 입장에서는 남는 장사가 아닌 듯하다. 성가신 파리 떼를 쫓아버린들 당신에게 무슨 영광이 있겠는가? 갈대를 베어 넘어뜨린들 무슨 소득이 있겠는가? 불가피했을 뿐, 영예도 용맹스러움도 아니다. 단지 나를 향한 당신의 걱정과 애정어린 보살핌이었을 뿐이다.

에라스무스, 당신의 바실리우스 번역을 우리에게도 보여주길 바란다. 그렇게 이사야에 대한 주석도 말이다. 나는 당신이 디오게네스처럼 행동하면 성공하고 번창할 것이라고 생각한다. 가난함에 기뻐하며 스스로를 왕중의 왕으로 간주하라. 돈에 초연해야 돈이 들어오고 성공하는 법이다. 기독교 성인들의 삶만 보아도, 세상은 모순되게도 세상을 등진 자들을 따른다. 그것이 교회가 쌓은 부와 명성의 원천이 아니라면 그런 것들은 도대체 어디서 왔단 말인가? 물론 나는 당신이 이런 식의 독설을 좋아하지 않는다는 것을 잘 안다.

나는 리처드 크로크에 관한 당신의 말에 자못 놀랐다. 내가 남이 맡긴 돈을 가지고 무슨 일을 할 수 있단 말인가? 나는 부유한 과부의 임종을 지키며 유언장이나 만지작거리고 있는 사람이 아니다. 나는 부유한 자들의 총아가 되어 그들의 악행과 병약함을 눈감아주며 자금을 횡령하는 사람도 아니다. 그런 부류의 인간이 아니라면, 이 땅에서는 다른 사람에게 기부할 돈을 구하는 일이 여간 어렵지 않다. 오직 내가 벌어들인 돈[85]만 마음대로 사용할 수 있는 것이며, 내가 그 돈을 어디에다 쓰려는 지는 당신도 잘 알고 있을 것이다. 그렇지만 에라스무스, 당신의 올곧은 품성만은 대단하다. 당신 자신도 거렁뱅이 짓이 지겹다고 투덜대면서도, 정작 자기 자신이 아닌 남의 안위를 걱정하고 있으니 말이다. 아무튼 내가 남의 돈에 손을 댈 수는 없으니, 만일 당신이 정중하게 간청한다면 나는 당신을 위해 내 돈을 주겠다. 만일 당신이 몰염치하게 부탁한다면, 가난한 자가 가난한 자를 돕는 것쯤으로 해두자. 그럼 안녕히, 자주 소식을 전해주길 바란다.

당신의 존 콜레트

85 콜레트의 연봉은 교장 봉급과 상여금을 포함하여 200파운드 정도였다. 그는 아버지로부터 물려받은 돈을 세인트 폴 스쿨에 기부하였다.

#231

존 콜레트에게

케임브리지, 1511년 10월 5일

로테르담의 에라스무스가 그의 친구 콜레트에게

이제야 당신 취향에 적합한 사람을 찾은 것 같은데, 자세한 것은 만나서 이야기하자. 얼마 전 런던[86]에 갔을 때 당신에게 폐를 끼칠까 두려워 저녁만 먹고 바로 돌아섰다. 도중에 우연히 외눈박이 피터[87]를 보았는데, 그가 말하길 당신이 나의 지난 번 편

86 에라스무스는 실제로 9월 말이나 10월 초에 잠깐 런던을 방문했다.

87 피터 매건. 스헤르토헨보스 출신으로 애꾸눈이었다. 한동안 콜레트와 그의 친구들을 위해 필사와 심부름을 했다.

지[88]에 답장을 했단다. 그러나 어찌된 영문인지 나는 아직 당신의 편지를 받아보지 못했다. 나는 12월 초순경에 다시 런던 행을 계획하고 있다. 당신을 만나기 위함이다. 전염병이 돌지 않기를, 특히 마운트조이[89] 경이 그때까지는 돌아왔기를 바란다. 그래서 내가 그의 집을 거처로 삼으면 좋겠다. 지금은 그놈의 케르베로스[90]가 문 앞을 떡하니 지키고 있어서 발도 들여놓지 못한다. 그럼 안녕히, 최고로 훌륭한 교사여.

1511년 10월 5일 케임브리지에서

---

88 에라스무스 편지 227.

89 마운트조이 경은 여전히 프랑스에 있었다. 그는 11월 5일경까지 런던으로 돌아오지 않았다.

90 이 감시인이 누구였는지는 알 수 없으나, 에라스무스 친구들에게는 꽤나 유명했던 모양이다.

#237

존 콜레트에게

케임브리지, (1511년) 10월 29일

230번 편지에 대한 답장

에라스무스가 그의 친구 콜레트에게

지금 나는 온통 『문체론』[91]에만 몰두해 있다. 그래서인지, 나

91 에라스무스는 원래 1509년 이탈리아를 떠나기 전에 『문체론』을 저술하였고, 그 사본의 하나가 식스티누스의 수중에 들어갔다(에라스무스 편지 244). 에라스무스는 콜레트의 부탁으로 『문체론』을 개정하고 증보하는 작업을 시작하였다. 에라스무스가 그의 책을 콜레트에게 헌정한 것은 1512년 4월 29일이었다(에라스무스 편지 260 서문).

는 풍요[92] 속에서 빈곤을 느끼는 이상한 처지에 있다. 하루 빨리 풍요와 빈곤 모두에서 헤어나기를 바란다. 그동안 행운의 여신이 내 지갑에 야박했다면, 학문의 여신은 늘 내게 친절했기에 나는 머지않아 『문체론』을 끝낼 수 있을 것이다.

이런 이유에서 내 답장이 다소 짧고 성의가 없는 것처럼 보일지도 모르겠다.

스코투스주의자들[93]로 말할 것 같으면, 정말이지 세상에 그들처럼 자기도취적이고 무사 안일한 집단도 없을 것이다. 따라서 나는 그런 사람들에 대적할 생각이 추호도 없다. 괜히 등잔불과 수고[94]만 낭비하고, 벌집[95]만 쑤시는 꼴이다. 나는 바실리우스[96] 번역에 흥미를 잃었다. 위작 논란도 있거니와 로체스터 주교의 반응도 시큰둥해서다. 주지하듯, 나는 번역의 일부를 주교에게 보내면서 그의 주선으로 대학에서 바실리우스 라틴어 강독이 이루어지기를 바랐다. 그런데 나중에 친구에게서 들으니 주교는 내가 그

92 "풍요"를 뜻하는 라틴어 단어가 "코피아"이다. 여기서 "문체론"으로 번역한 책의 라틴어 제목도 "코피아"이다. 에라스무스는 그의 책 제목을 가지고 말장난을 치고 있다.

93 에라스무스 편지 227, 230.

94 에라스무스, 『격언집』, I iv 62.

95 에라스무스, 『격언집』, I i.

96 에라스무스는 9월에 이사야 주석의 일부를 피셔에게 보냈다. 에라스무스 편지 227, 229.

리스 원본으로부터 번역을 하는 것이 아니라 이미 발간된 번역본을 짜깁기 하는 것이라고 의심한단다. 어째서 그리 생각한단 말인가?[97]

디오게네스[98]에 관한 농담으로 당신이 즐거웠다니 다행이다. 그러나 앞으로도 내 형편이 나아지지 않는다면, 정말로 디오게네스처럼 살아야 할지도 모르겠다. 그런 경우라면 왕중의 왕이 되기는커녕 삶 자체를 몹시 경멸할 듯싶다. 내 나이에 이런 건강 상태로 디오게네스처럼 사는 것이 가당키나 하단 말인가? 삶에 연연하지 않는 자는 세상천지에 바라는 것이 없을 것이다. 그는 심지어 가라만테스[99] 사람들 앞에서도 초연할 수 있다. 그러나 그런 사람도 지금의 나보다는 성과가 있을 것이다. 내 바람이 남부끄러운 것이 아닐지언데 운명의 여신은 아직 내 편이 아니다.

내가 크로크[100]에 관해 말했을 때, 나는 당신 수중에 있는 다른 사람들의 돈을 염두에 둔 것이 아니었다. 나는 당신이 어쩌다

97 이 문구는 1529년 바젤에서 발행된 프로벤 판에 삽입되었다. 에라스무스의 감수를 거친 것으로 보아, 그의 만년에 옛 후원자[존 피셔]와의 관계가 냉랭해졌음을 암시한다.

98 에라스무스 편지 230.

99 플리니우스, 리비우스, 베르길리우스 등이 소개한 아프리카의 사나운 부족.

100 앞의 주, 80.

청하지 않은 돈이 들어와도 그것을 도로 돌려주는 위인임을 잘 안다. 그보다 나는 당신이 가용한 자금을 영국인 동포를 위해 사용할 것이라고 생각했다. 이를 통해 당신은 전도유망한 젊은이에게 은혜를 베푸는 것이다. 그는 후원을 약속했던 사람들이 등을 돌리면서 현재 곤란한 처지에 있다.

당신이 사재를 털겠다는 말에 나는 옛날에나 있을법한 호의를 느끼며 매우 고마운 마음이 들었다. 그러나 당신이 "정중하게 간청한다면"이란 전제를 달았기에 나는 그것이 그냥 하는 말이라고 해도 다소 자존심이 상했다. 당신은 내가 운명에 순응하지 못하는 것이 나의 속된 야심 때문이라고 말하고 싶었는지도 모르겠다. 아마도 당신 말이 맞을 것이다. 참된 기독교 정신은 모든 것을 선의로 받아들이기 때문이다. 지난 번 편지에서 내가 더 놀란 것은 당신이 정중함과 몰염치를 구분하지 않는 것이었다. 당신은 "정중하게 간청한다면"과 "몰염치하게 부탁한다면"이 상호호환이 가능한 표현인양 사용했다.[101] 그러나 일반적으로 정중함은 몰염치와 대비되는 개념이다. 부끄러움을 모르는 것이 어째서 정중함이란 말인가? 만일 당신이 '정중함'을 '굽실대는 비굴함' 정도로

101 에라스무스 편지 230.

이해한다면, 나의 친애하는 콜레트, 당신은 세네카[102]와 척을 지는 꼴이다. 세네카는 친구 사이라면 부탁한다는 말이 나올 때까지 기다리는 법이 없기에 굳이 간청까지 하면서 얻어야 할 것이 있다면 그것이야말로 세상에서 가장 귀한 것이라고 생각하였다. 일찍이 소크라테스는 그의 친구들과 담소를 나누며 "오늘 나는 꼭 사고 싶은 망토가 하나 있었는데 글쎄 내게 돈이 없지 않겠나"라고 말했다. 세네카[103]는 이런 말을 듣고서야 지갑을 여는 것은 때늦은 행동이라고 꼬집는다. 다른 누군가는 가난하고 병든 친구의 베개 밑에 돈을 넣고 그 사실을 비밀에 부침으로써 그의 체면을 지켜주었다. 내가 어려서 이러한 이야기를 읽었을 때, 나는 그들의 정중함과 솔직함에 깊이 감동했다.

말은 이렇게 해도, 나는 당신에게 도움을 청한다. 영국에 살면서 여기저기 부탁만 하다 보니 어느새 파렴치하고 비굴한 인간이 되어 버렸다. 나는 대주교[104]로부터도 너무 많은 것을 받아서 이제는 그가 무엇을 준다고 해도 오히려 내가 민망할 지경이다. 그 친구[105]의 경우에는 내 몰염치한 요구에 이골이 났는지 요즘에

102 세네카, 『베풂에 대하여』, 2.1.4.

103 세네카, 『베풂에 대하여』, 7.24.

104 캔터베리의 대주교 윌리엄 워햄. 에라스무스 편지 188 서문.

105 마운트조이 경을 말한다.

는 나만큼이나 뻔뻔하게 내 부탁을 일축한다. 이런 내가 우리의 친구 리나커의 눈에도 꼴사나왔는지, 그는 내가 런던을 떠날 때 수중에 6노블즈[106] 밖에 없다는 것을 알고도, 또 내 건강 상태와 겨울이 코앞이라는 것을 알면서도 내게 말하길 더 이상 대주교와 마운트조이 경에게 손을 내밀지 말고 가난과 결연히 싸우라고 한다. 참으로 의로운 충고 아닌가! 그렇지만 바로 이러한 이유에서 나는 내 운명을 증오한다. 도무지 체면을 지키며 사는 것을 "내게 허락하지 않기"[107] 때문이다. 나도 한참 때는 가난을 숨기며 사는 것이 좋았다. 그러나 지금은 그럴 수가 없다. 그러다가는 내 삶 자체가 위태로워진다. 물론 나는 "철면피"[108]는 아니어서 "아무한테 아무거나"[109] 부탁하고 그러지는 않는다. 다른 사람들이라면, 나는 당연히 부탁하면서 퇴짜 맞을 일을 염려한다. 그런데 당신처럼 이런 식의 도움을 주는데 익숙지 않은 사람에게는 어떻게 부탁해야 할지 모르겠다. 간곡히 청해야 하는가? 만일 당신이 괘념치 않는다면, 이 편지의 결론은 당신에게 염치불구하고 돈을 내어 달라는 뻔뻔스러운 요구일 게다. 더군다나 나는 지금 당신처럼 선

106 앞의 주, 79.
107 카툴루스, 10.34.
108 에라스무스, 『격언집』, I viii 47.
109 에라스무스, 『격언집』, II iv 16.

량한 친구가 아무런 대가도 없이 내어주는 선물을 마다할 만큼 콧대가 높지도, 또 형편이 좋지도 않다. 그럼, 안녕히. 이번에도 편지가 하염없이 길어졌다.

마지막으로 우스갯소리 좀 하련다. 내가 한 번은 대학 사람들이 모인 자리에서 당신 학교에서 일할 교사를 공개적으로 구애한 적이 있는데, 그러자 한 명망 있는 인사가 웃으며 말했다. 호구지책이 아니라면, 어느 누가 그런 학교에서 아이들과 지내며 인생을 허비하려고 하겠는가? 그래서 나는 아이들을 착하고 똑똑하게 키워내는 것이야말로 세상에서 가장 명예로운 일이라고 점잖게 대답했다. 그리스도께서도 아이를 하찮은 존재로 여기지 않았고, 어린 시절보다 우리의 세심한 도움이 필요하고 그로부터 훗날의 풍요로운 결실을 기약할 수 있는 때도 없다. 자라나는 아이들이야말로 국가의 동량이기 때문이다. 종교적인 관점에서도 아이들을 그리스도에게로 인도하는 것보다 신을 올바르게 경배하는 일은 없다. 내가 이렇게 말하자 그 지체 높은 양반은 신을 올바르게 섬기고자 한다면 수도원에 들어가서 종교적인 삶을 살면 되는 것이라고 얼굴을 찡그리며 귀찮아했다. 그러나 나는 계속해서 성 바울은 종교의 참뜻을 사랑에서 찾았고, 사랑은 우리의 이웃을 돕는 일이라고 말했다. 그러자 그는 내 말이 우스꽝스러웠는지 대꾸도 않다가 이렇게 말했다. "우리가 모든 것을 버리니"[110] 그제야 모든 것을 얻더라. 그런데 내 눈에 그는 모든 것을 버린 자가 아니었다. 그는 마음만 먹으면 얼마든지 이웃을 도와줄 수 있는 위치에 있었지만, 단지 그런 보잘 것 없는 일을 하기가 싫은 것이었다. 나는 이 정도만 말하고 자리에서 일어났다. 괜히 더 있다가 싸움에 휘말릴지도 몰라서였다. 이만하면, 스코투스주의자들의 지혜와 화법이 어떤 것인지를 알았으리라. 다시 안녕히.

(1513년) 성 시몬과 유다 축일 이튿날 케임브리지에서

110『마태복음』, 19:27.

해설

『교육방법론』 해제

에라스무스의 고전공부론

1. 박식한 교사를 구하라

에라스무스는 교사가 고대의 권위 있는 저작들에 정통한 사람이어야만 아이들에게 그리스어와 라틴어를 잘 가르칠 수 있다고 생각한다. 먼저, 아이들을 가르치는 교사라면 플라톤, 아리스토텔레스, 테오프라스토스, 플로티노스와 같은 고대 그리스의 철학자들을 꿰뚫고 있어야 한다. 이어 오리게네스, 크리소스토무스, 바실리우스와 같은 종교적인 저술가들과 함께 라틴어 교부들인 암브로시우스와 히에로니무스의 저작들을 알고 있어야 한다. 교사는 또한 신과 영웅들의 이야기에도 해박해야 한다. 이를 위해 호메로스, 헤시오도스, 오비디우스, 보카치오의 작품들을 읽어야 한다. 그밖에도 고대의 언어와 문학을 이해하는데 유용한 지리학 지식도 필수적이다. 에라스무스가 생각하는 지리학의 목적은 다음과 같다.

> 고대어와 일치하는 산, 강, 지역, 도시에 해당하는 현대 모국어 단어에는 어떤 것들이 있는지를 주의 깊게 살피는 것이다. 마찬가지로 다른 교사들이 모르는 나무, 식물, 동물, 연장, 옷감, 귀금속의 명칭에도 관심을 가져야 한다. 이러한 사물 목록은 농업, 군사학, 건축, 요리, 광물, 식물, 동물에 대해 글을 썼던 각양각색의 저술가들로부터 수집할 수 있다(39).

계속해서 에라스무스는 교사가 옛 동전과 비문, 또는 석조물에 나타난 고대어의 원형과 문학적 내용에도 관심을 기울여야 한다고 주장한다. 이러한 고고학적 지식 말고도 교사는 천문학에 대한 지식도 어느 정도 갖추고 있어야 한다. 고대 문학에 산재되어 있는 하늘과 별에 대한 시학적 은유를 이해하기 위해서이다.

> 시인들은 자신들의 작품 곳곳에 천문학 지식을 흩뿌려 놓았다. 하늘 위 모든 것의 본질과 정수를 파악해야 한다. 그것이 시인들이 사용한 직유, 별칭, 비교, 형상, 은유, 그 밖의 다른 수사학 장치의 원천이기 때문이다(41).

마지막으로 에라스무스는 역사에 대한 지식이 중요함을 강조

한다. 역사는 그 자체로도 공부할 가치가 있지만, 다른 문학 작품들을 올바르게 이해하기 위해서도 반드시 알아두어야 한다.

2. 언어를 공부하는 것이 먼저다

에라스무스는 언어와 사물에 대한 지식을 구분한다. 그러면서 중요하기는 사물에 대한 지식이 앞서고, 순서로는 언어에 대한 지식이 앞선다고 말한다. 그는 언어 학습의 중요성을 다음과 같이 설명한다.

> 주변을 보면 언어는 경시한 채 사물에 대한 지식만 얻으려고 서두르는 사람들이 있다. 이들은 속담도 있다시피 어설프게 절약을 하려다가 큰 손해를 입는 "풋내기들"이다. 사물에 대한 학습은 우리가 그 사물에 부여하는 말소리〔언어〕를 통해서만 가능하기 때문에 언어에 능통하지 않은 사람은 사물에 대한 판단력도 근시안적이고, 부정확하고, 불안정할 수밖에 없다. 그밖에 언어는 거들떠보지도 않고 내용에만 주의를 기울인다고 큰소리치는 사람치고 자질구레한 문장 용법을 두고 옥신각신하지 않는 이가 없다(27).

에라스무스는 아이들이 어려서부터 그리스어와 라틴어를 공부해야 한다고 주장한다. 그는 아이들이 훌륭한 교사의 지도를 받으며 두 언어를 함께 배우는 것이 좋다고 말한다. 그러나 주변에 학식 있는 사람이 없다면, 그들은 고대의 유명한 문법학자들에게 도움을 청해야 한다. 에라스무스는 아이들이 테오도루스 가자와 콘스탄티누스 라스카리스의 그리스어 문법서를 공부하고, 라틴어의 경우에는 디오메데스의 안내를 받아야 한다고 생각한다. 비록 에라스무스는 문법을 가장 먼저 공부해야 한다고 주장하였지만, 그렇다고 아이들을 수년 동안 문법 학습에만 붙잡아 두는 그 시대 교사들의 일반적인 행태에는 반대하였다. 그가 생각하는 바람직한 문법 교사의 모습은 다음과 같다.

> 우리의 근면하고, 박식하고, 명민한 교사는 문법학자들의 온갖 수칙들을 긁어모아 그것들 중에 제일 간단하면서도 명료한 것들만을 선별하여 가장 적합한 순서로 배열해 놓을 것이다(43).

3. 말하기 연습 外

아이들은 기본적인 문법을 공부한 뒤에 바로 말하기 연습을 시작해야 한다. 에라스무스는 대화와 독서의 두 가지 방법을 제안한다. 우선 아이들은 말솜씨가 뛰어난 사람들과 직접 대화를 나누어야 한다. 이와 관련해 에라스무스는 교실 장면에서 이루어지는 교사와 아이〔들〕, 또는 아이들 상호 간의 일상적인 말하기 연습에 주목한다.

> 학교의 교사도 대화 상대가 여럿이든 하나이든 상관없이 최대한 올바르게 말하기 위해 노력할 것이다. 그는 도중에 내용 설명을 곁들이고, 소년들에게 자기를 따라해 보라고 시킨다. 그러다가 그들의 말솜씨가 뛰어나면 칭찬하고, 그렇지 못하면 바로잡아준다. 이러한 연습을 통해 소년들은 정신을 집중해 정확하게 말하는 습관을 형성하고 교사의 말을 주의 깊게 듣는 태도를 기른다. 학생들끼리 서로 잘못을 고쳐주고, 동기 부여 차원에서 보상과 처벌 규정을 만들어 놓는 것도 괜찮다. 이때 교사는 학습 진도가 빠른 학생들 중에서 '심판'을 골라야 한다. 소년들이 놀이, 단체생활, 식사 시간에 사용할 관용어 지침을 마련해 놓아도 유익할 것이다. 이러한 지침은 누가 보아도 알기 쉽고 적합해야 한다(42-43).

다음으로 아이들은 문체가 훌륭한 사람들의 글을 자주 접해야 한다. 이를 위해 에라스무스는 교사에게 고대의 권위 있는 저작들을 넘나들면서 논점이 명료하고 내용이 매력적인 명구들을 폭넓게 수집·편찬하고 그것들을 아이들의 능력에 맞게 개작할 것을 주문한다. 에라스무스의 바람은 아이들이 그런 명구들에 익숙해져서 스스로도 군더더기 없는 용어를 선택하여 말하고, 적절한 문학적 기교(경구, 역사적 전례, 속담, 비유어 등)를 자유롭게 구사하는 것이다.

이러한 연습의 효과를 증진시키기 위하여 에라스무스는 아이들에게 연습장 사용을 권장한다. 아이들은 고대의 뛰어난 명구들을 읽다가 적어둘만한 것이 나오면 그것을 미리 준비한 연습장에 주제별로 기록해 놓아야 한다. 그밖에도 에라스무스는 아이들의 기억력 제고를 위한 방안도 강구한다. 그는 시각적 장치를 활용하여 아이들의 학습 효과를 향상시키고자 한다.

> 만일 당신〔아이들〕에게 꼭 필요하지만 기억하기 어려운 것들(예컨대 지명, 운각, 불규칙 변화, 계보 등)이 있다면, 그것들을 간단하고 보기 좋은 차트로 만들어 다른 일을 하면서도 눈에 잘 띄는 벽면에 걸어두어라. 같은 방법으로 경구, 속담, 금언처럼 간결하나 함축적인 격언들도 책의 앞 뒷장에 적어두거나, 반지와 컵에 새겨두어라. 아니면, 그것들로 문이나 벽을 도배하고, 심지어는 창문 유리에도 빼곡히 적어 놓아라. 내 말은 "자주 보고 익혀야 기억할 수 있다"는 뜻이다(34-35).

4. 아직은 '코르크판'이 필요하다

아이들은 올바르게 말을 할 수 있게 되면, 다음으로 고대의 훌륭한 문학 작품들을 읽어야 한다. 그러나 에라스무스는 그 사이에 예비적인 훈련 단계를 설정한다. 교사는 호라티우스의 말대로라면 아직 "코르크판을 떼고 헤엄치기"(53) 어려운 아이들에게 각종 구문 법칙, 문학의 규칙과 형식, 수사학의 제규칙들(명제, 증면, 비유, 부연, 전환 등)을 다양한 방식으로 연습시켜야 한다. 당연히 교사는 이러한 훈련 과정을 계획하고 시행할 만큼 부지런하고 박식해야 한다. 에라스무스가 제안하는 연습들로는 모국어 편지의 고전어 해석, 교훈적인 우화나 경구의 인용, 수사법의 활용, 시와 산문의 형식, 문장의 구성과 어휘의 사용, 그리스어 번역 등이 있다.

이 단계에서는 고전 강독도 아이들에게 모방을 위한 자료를 제공하는 연습의 일환이다. 일단 교사가 어휘와 수사적 표현이 풍부한 연습 상황을 제시하면, 아이들은 스스로 주장의 개요를 파악한 뒤에 그것을 논하고, 꾸미고, 강화하는데 적절한 것이 무엇인지를 알아내야 한다. 그러나 아직은 교사의 도움이 필요하다. 가령 서간문의 경우, 교사는 아이들에게 편지글의 일반적 특성과 유형별 특징을 설명하는 것은 물론이거니와 편지 각각에서의 주장과 특이한 점을 알려줄 것이다. 에라스무스는 웅변술 연습을 예로 들어 교사의 역할을 더 자세히 부연한다.

선생 노릇을 하려는 자는 무대에 처음 오르는 사람들에게 각종 주장에 따르는 명제들에는 어떤 것들이 있는지를 먼저 알려주고, 나아가 그런 명제들의 순서와 전개 과정을 보여주어야 할 것이다. 다음으로 각각의 명제를 뒷받침하는 근거들은 얼마나 있고, 근거마다 증거들은 얼마나 되는지를 말해줄 것이다. 그러고 나서 그는 증거의 정황과 밑바탕을 이루는 자료를 제시할 것이다. 이어 각 부분을 어떤 종류의 비유, 대조, 보기, 유사, 경구, 속담, 신화, 우화로 치장했는지를 암시할 것이다. 그는 또한 비유적 표현을 사용한 곳이 어디인지, 어디서 이목을 끄는 실례를 들어 연설을 한층 예리하거나 과장되게, 명료하거나 매력적으로 만들었는지를 지적할 것이다. 수사적 효과를 감안해 부연이 필요한 곳이라면, 그는 그 방법을 설명할 것이다. 이때 일상적인 표현 아니면, 퀸틸리아누스의 네 갈래 방법을 사용하는 것이 좋다. 만일 감정에 호소하려면, 그는 어떤 방식으로 표현해야 하는지를 알려줄 것이다. 물론 그는 도입에서 개요로, 개요에서 부문으로, 부문에서 증거로, 명제에서 명제로, 근거에서 근거로, 증거에서 결말이나 결론으로 나아가는 연결 법칙과 전환 형식도 제공할 것이다. 그는 또한 부드럽게 서론을 열거나 결론으로 접어드는 몇몇 법칙들을 소개할 것이다. 마지막으로 그는 지금 바로 가져다 쓸 수 있는 고전 문구들을 알려주면 좋을 것이다(52-53).

에라스무스는 아이들이 문체가 뛰어난 사람들의 글을 자주 접하는 것 못지않게 그들 스스로 글을 써보는 것이 중요하다고 말한다. 그의 표현대로, 가장 좋은 문체는 다른 이의 글이 아닌 자기 자신의 펜으로부터 나오기 때문이다. 이런 이유에서 에라스무스는 아이들에게 시, 산문, 잡문 가릴 것 없이 부단히 글쓰기 연습을 할 것을 충고한다. 이때 그들의 잘못을 바로잡는 것은 어디까지나 교사의 몫이다.

교사는 학생들의 잘못을 바로잡으면서 그들이 솜씨 좋게 지어내고, 논의하고, 모방한 경우에는 칭찬하고, 그렇지 못한 경우(어떤 것을 빼먹고, 잘못 배치하고, 지나치거나 부족하고, 불분명하고, 심지어 표현이 부적절한)에는 혼을 내야 한다. 그는 학생들에게 잘못된 부분이 어디이고 그것을 어떻게 고쳐야 하는지를 알려주어야 한다. 이를 통해 그들은 잘못된 것을 바로잡는 습관을 형성하게 된다. 이때 교사는 학생들 서로 간의 비교를 통해 경쟁심을 촉발시킴으로써 그들의 마음 속 기개를 북돋아야 한다(55).

5. 무엇을 어떻게 읽어야 하는가?

이쯤에서 에라스무스는 언어 학습을 마무리하고 고전 강독의 단계로 넘어간다. 그는 모든 구절을 철저한 고증이 필요한 텍스트로 간주하는 그 시대 교사들의 삐뚤어진 야심을 비판하면서 단지 현재의 구절을 읽고 해석하는데 적합한 것들만을 논의할 것을 제안한다. 다만 강독의 즐거움을 위하여 가끔씩 여담을 섞는 것은 괜찮다.

본격적인 고전 강독에 앞서, 에라스무스가 작성한 아이들의 독서목록부터 살펴보자. 그가 선정한 고대의 저술가들은 문체가 수려할 뿐만 아니라 내용도 흠잡을 데가 없는 사람들이다.

> 좋은 글을 남긴 사람들 중에서도 으뜸은 어투가 세련되고 주제가 매력적이어서 학습자의 마음을 사로잡는 사람들이다. 이러한 범주에 속하는 사람들로는 첫째가 루키아노스, 둘째가 데모스테네스, 그리고 셋째가 헤로도토스일 것이다. 시인들 중에서는 첫째가 아리스토파네스, 둘째가 호메로스, 그리고 셋째가 에우리피데스일 것이다. 메난드로스의 경우에는 현존하는 작품이 없어도 앞의 세 시인들보다 높은 등수를 부여할 것이다. 라틴어 작가들 중에서는 언어의 품격으로 보아 테렌티우스만한 사람이 없다. 그의 문체는 청아하고 간결한

게 일상의 어투와 다르지 않다. 그가 다루는 주제 또한 아이들에게 적합한 것이다. 여기에 도덕적으로 흠결 없는 플라우투스의 희극 몇 편을 골라 넣어도 무방할 것이다. 테렌티우스 다음으로는 베르길리우스, 호라티우스, 키케로, 카이사르의 순서를 따를 것이다. 나는 살루스티우스도 마다하지 않을 것이다(29-31).

이제 에라스무스는 고전을 읽는 올바른 방법에 대해 설명한다. 교사는 아이들에게 저자를 간단히 소개한 뒤에 그의 주장이 무엇이고 그것이 어떤 점에서 좋고 유익한 것인지를 알려준다. 만일 작품 해석을 둘러싼 이견이 있다면, 교사는 아이들에게 그것들 각각을 설명하고 서로 간의 차이를 일러주어야 한다. 에라스무스는 테렌티우스의 희극을 예로 들어 부연한다.

교사는 희극을 강독하기 전에 먼저 그 저자가 살았던 시대, 그의 타고난 재능, 그의 우아한 말솜씨를 간단히 논의해야 한다. 그런 뒤에 그는 희극 읽기의 즐거움과 유익함을 언급하고, 이어 이런 형태의 문학의 중요성, 기원, 형식, 원리 등에 대해 말해야 한다. 다음으로 그는 이야기의 개요를 가급적 명확하고 간결하게 전달해야 한다. 그는 희극의 음보도 잊지 말아야 한다. 뒤이어 그는 극의 주요 내용들을 순서대로 배열하고, 그것들 각각을 자세히 설명해야 한다. 이와 동시에 교사는 각종 미사어구·의고체·신조어·그리스풍 어법, 모호하거나 장황한 표현, 느닷없거나 뒤죽박죽인 순서, 알아두면 좋을 어원·유래·작문법, 맞춤법·비유적 표현·수사적 문구·윤색·어구 변형 등을 통해 청중들의 주의를 끌어야 한다. 아울러 그는 작가들 간의 비슷한 구절들을 비교하면서 차이점과 유사점을 끄집어내야 한다. 라틴어 저작들 대부분이 그리스 작품들에 기원을 두고 있는 만큼, 무엇을 모방했고, 어떤 것을 단순히 반복했으며, 어디서 자료의 출처가 다르고, 어디서 같은지도 살펴보아야 한다. 마지막으로 그는 철학으로 눈을 돌려 시인들의 이야기에 함축된 도덕적 내용을 에두르거나, 아니면 정형화된 형태로 제시해야 한다(56-57).

에라스무스는 또한 교사가 아이들에게 문학 작품의 장르별 특성을 알려주어야 한다고 말한다. 예를 들어 경구는 수사적 감탄을 자아내는 재미가 있고, 비극의 본질은 감정의 분출에 있으며, 희극의 묘미는 인물 묘사에 있다는 식이다. 다른 문학 장르(이를 테면 서사시, 역사서, 대화집, 우화, 풍자극, 송가 등)의 경우에도 마찬가지이다. 에라스무스가 문학의 장르별 특성에 주목한 이유는 그것을 기준으로 삼아 특정 저자의 특정 구절에서의 잘잘못을 논하면서 아이들의 판단력을 길러주기 위해서였다. 이를 위해 에라스무스는 교사가 고대의 권위 있는 문학 비평들을 참고해야 한다고 주장한다.

그밖에도 에라스무스는 교사에게 문학 작품 속에 감추어져 있는 가설도 살펴볼 것을 당부한다. 이런 식의 고전 강독은 매우 도전적인 과제이다. 아이들은 공부할 것이 너무 많아서 힘들다고 불평할 수 있다. 이에 에라스무스는 학식과 경험이 풍부한 교사에게서 배우라고 답한다.

> 그런데 이렇게 하다보면 학습의 범위와 양이 늘어나서 공부하기 힘들다는 불평이 나올 수밖에 없다. 내 답변은, 학식이 뛰어나고 경험이 풍부한 교사에게 배우라는 것이다. 그로부터 소년들은 필요한 지식을 보다 쉽게 얻을 수 있을 것이다. 물론 내가 제안하는 학습 프로그램이 처음에는 다소 힘에 부칠 수 있다. 그러나 지식이 쌓이고 연습이 더해지면 학습 부담도 차츰 줄어들 것이다(67).

구체적으로 에라스무스는 그런 박식하고 성실한 교사 밑에서 다음과 같은 방법으로 공부하라고 충고한다.

> 내가 잘못 생각하는 것이 아니라면, 다음과 같이 공부하는 것이 최선이다. 비록 모든 것을 언제나 완벽하게 전달할

수는 없지만, 교사는 학생들의 마음을 처음부터 가장 좋을 것들로 길들이면서 그곳에 무료함이 자리 잡지 못하도록 해야 한다. 교사는 중요하다 싶은 것이 나오면 그것을 몇 번이고 반복해서 가르쳐야 한다. 교사는 또한 어떤 것을 전달하는 것 못지않게 그것을 제대로 학생들의 마음에 심어주었는지도 꼼꼼히 점검해야 한다. 이것은 교사에게 참으로 귀찮고 힘든 일이지만, 학생들에게는 매우 유익한 일이다. 교사는 단순히 수업의 전체 개요만 짚고 넘어가지 말고, 꼭 알아야만 하는 중요한 논점들을 확인해야 한다. 학생들은 그들 스스로 그러한 것들을 정확히 재현하는 능력을 키워야 한다. 중간에 힘들고 어렵다고 그만두지 말고 심지어 한 달이 걸려도 끝까지 해야 한다(67-68).

마지막으로 에라스무스는 올바른 교육방법에 대한 논의가 가치 있는 것임을 주장하면서 그의 글을 맺는다.

교사가 성실하고 박식해야 한다는 단서가 붙기는 해도, 나는 다음과 같이 약속할 만큼 올바른 교육방법이 중요하다고 생각한다. 아이들은 지적으로 아주 떨어지는 경우가 아니라면 내가 제안한 방법을 통해 우리의 악명 높은 교사들 밑에서 어눌하게 말을 익히는 것보다 훨씬 쉽고 빠르게 고전어를 배울 수 있을 것이다. 무릇 기초를 탄탄히 다진 아이는 자신 있게 보다 높은 단계로 넘어갈 수 있는 것이다. 그 아이는 장차 어떤 일에 종사하든지 간에 그가 어려서부터 훌륭한 교사들로부터 올바르게 교육을 받았음을 스스로 증명할 것이다(68-69).

옮긴이

김성훈은 강원도 춘천에서 태어났다. 강원대학교를 졸업하고 캐나다 앨버타대학교 대학원에서 철학박사 학위를 취득했다. 현재 강원대학교 교육학과 교수로 재직 중이다. 서양교육사와 교육고전에 관심이 있다. 이 방면의 저역서로 『영국의 교육사상가들』, 『교육학 명문 100선』, 『루소 교육 소저작』, 『(에라스무스)아동교육론』, 『에라스무스 아동교육론』 등이 있다.

E-mail: seonghoonkim@kangwon.ac.kr

에라스무스 교육방법론
-에라스무스가 권하는 고전공부법

발행일 1쇄 2019년 3월 15일
지은이 에라스무스
옮긴이 김성훈

펴낸이 여국동
펴낸곳 도서출판 인간사랑
출판등록 1983. 1. 26. 제일-3호
주소 경기도 고양시 일산동구 백석로 108번길 60-5 2층
물류센타 경기도 고양시 일산동구 문원길 13-34(문봉동)
전화 031)901-8144(대표) | 031)907-2003(영업부)
팩스 031)905-5815
전자우편 igsr@naver.com
페이스북 http://www.facebook.com/igsrpub
블로그 http://blog.naver.com/igsr
인쇄 인성인쇄 **출력** 현대미디어 **종이** 세원지업사

ISBN 978-89-7418-391-2 93370

* 책값은 뒤표지에 있습니다. * 잘못된 책은 바꿔드립니다.

이 도서의 국립중앙도서관 출판시도서목록(CIP)은 서지정보유통지원시스템 홈페이지(http://seoji.nl.go.kr)와 국가자료공동목록시스템(http://www.nl.go.kr/kolisnet)에서 이용하실 수 있습니다.(CIP제어번호: CIP2019005571)